벽 앞에서 노래하기

벽 앞에서 노래하기

래퍼 테싸의 학교공포증 탈출기

초판 1쇄 발행 2023년 1월 16일

지은이 테싸
옮긴이 박민정
펴낸이 송천석
디자인 공간42 이용석
펴낸곳 에디미디 | **출판등록** 제385-2021-000039호
SNS ⓘ editionmidi | **이메일** edimidi@naver.com
주소 경기도 안양시 동안구 귀인로172번길 26, B1. 6호
전화 031-457-2365 | **팩스** 0504-468-0435

ISBN 979-11-976414-3-5 (03180)

벽 앞에서 노래하기

FRÔLER LES MURS

래퍼 테싸의 학교공포증 탈출기

테싸 지음 | 박민정 옮김

에디미디

차례

이해받지 못한다고 느끼는 모든 이들에게

2019년 6월

눈을 감고 길게 숨을 내쉰다. 호흡에 집중하며 귓속에서 윙윙거리는 소리를 무시하려 애쓴다. "테싸, 준비됐어요? 5분 남았어요." 스태프들이 마지막으로 내 마이크가 제대로 작동하는지 확인한다. 사운드 엔지니어, 뮤지션, 매니저, 프로듀서…… 모두가 사방으로 분주히 뛰어다닌다. 그들은 자신이 여기 있는 이유와 해야 할 일을 정확히 아는 듯 보인다. 반면 이곳에 아는 사람도 거의 없는 나는 모든 게 낯설기만 하다. 만 열일곱 살의 내가 그날 밤, 그 장소에 있게 되리라고는 상상도 하지 못했다. 심지어 생애 첫 페스티벌이 아닌가. 수많은 사람들, 엄청난 소음, 내게 불안발작을 일으킬 만한 무수한 경우의 수. 이 모든 것들이 나를 공포에 떨게 했다.

무대 옆에 서니 온몸으로 베이스 소리를 느낄 수 있다. 소리의 에너지가 다리를 관통하는가 싶더니 몸에 힘이 차오른다. 이쪽에 선 내게는 아무것도 보이지 않지만 관중의 함성은 들린다. 뱅센(파리 외곽에 위치한 지역–옮긴이)에서 열린 '위 러브 그린 페스티벌'의 메인 스테이지에 선 부바(프랑스 래퍼– 옮긴이) 앞에 수만 명의 사람들이 모여 있다. 4만 명이에요, 하고 누군가가 알려 주었다. 부바의 여느 콘서트와 마찬가지로 중요한 행사인 이 공연은 밤 11시 30분에 시작돼야 했는데, 그는 관객을 40분 이상 기다리게 하고 있었다. 관중의 야유가 커진다. 부바의 공식 라이벌 카리스(프랑스 래퍼–옮긴이)의 이름을 외치며 그를 자극하는가 하면, 아예 자리를 뜨는 사람도 나왔다. 하지만 래퍼가 마침내 무대에 오르자 분위기는 급속도로 달아올랐다. 선선한 6월 밤, 운집한 수만 명의 팬들이 그들의 스타와 함께 한목소리로 노래를 부르기 시작했다.

그런데 난 도대체 여기서 뭘 하고 있는 거지? 어쩌다 이 무대에 참여하게 된 거지? 이 시간이면 마르세유 우리 집에 있어야 하는데. 불안이 나를 옥죄어 올 때 내가 안전하다고 느끼는 유일한 장소, 지난 3년 동안 가장 많은 시간을 보냈고 눈을 감고도 그려 낼 정도로 속속들이 아는 내 방이 내가 있을 곳인데. 사실 그 날 나는 책상 앞에서 바칼로레아(프랑스 고등학교 과정 졸업 및 대학 입학 자격증으로, 바칼로레아 취득 시험을 바칼로레아로 통칭한다―옮긴이)를 준비하고 있어야 했다. 고등학교 졸업장을 따야 한다는 생각으로 견뎌 왔지만, 나는 며칠 전 교과서를 모두 꺼내 책장 한쪽 구석에 깊숙이 넣어 버렸다. 드디어 모든 게 끝이라는 엄청난 안도감이 몰려왔다. 사실 그렇게 큰일도 아니다. 시험은 내년에도 볼 수 있으니까. 하지만 이 무대에서 노래할 기회는 아마 내게 다시는 오지 않을 것이다. 정해진 틀에 억지로 나를 끼워 맞추려 애썼으나, 결코 유익한 경험이라 부를 수 없는 일이었다.

「À la folie(열정적으로)」의 마지막 소절이 울려 퍼질 때 나는 다시 현실로 돌아왔다. 다음 곡은 「Arc-en-ciel(무지개)」. 즉 내가 무대에 오를 차례라는 뜻이다. 사람들이 미소로 내게 응원을 보냈다. 하지만 나는 온 모공이 발산하는 공포심에 휘감겼다. 공연이 시작되고 무대 뒤편에서 느껴지는 흥분과 관중의 열기에 나 자신의 불안에 쏠려 있던 기분이 옅어지는 듯했지만, 몇 주 전부터 꿈꿔 온 순간이 몇 초 뒤로 성큼 다가오자 축축해진 손이 덜덜 떨리면서 마이크가 미끄러져 내렸고, 최악을 상정한 온갖 시나리오가 다시 머릿속에서 맴돌기 시작했다. 내 곡의 첫 소절을 부르는 순간 혓바닥이 부풀어 올라 숨이 막히거나 아무 소리도 나오지 않을까 봐 겁이 났다. 무대에서 굳어 버린 나머지 한마디도 못 하고 사람들의 야유 속에 무대를 떠나게 될까 봐 겁이 났다. 파리까지 동행해 준 부모님은 물론이고 매니저 소피앙, 몇 주 전부터 나와 데뷔 곡들을 함께 작업하고 있는 클레망까지, 그날 밤 그곳에서 줄곧 나를 믿어 준 사람들을 실망시키게 될까 봐 겁이 났다. 그러나 이 모든 두려움을 뛰어넘는, 중학교 때부터 내게서 떠나지 않는 가장 큰 두려움은 바로 사람들 앞에서 구토하는 것이다. 오늘 밤 4만 명 앞에서 구토를 하게 된다면, 나는 어째야 하냐? 과연 수습할 수 있을까?

내 어깨를 잡는 손이 느껴진다. 매니저다. "자, 테싸, 이제 가야지. 지금이야." 그가 미소 짓는다. 나는 눈을 감고 한차례 크게 숨을 들이쉬고는 몇 초간 숨을 참았다. 병원 치료프로그램에서 배운 대로, 빠르게 뛰는 심장박동을 가라앉힐 타이밍이다. 나는 아무것도 보지 않고 듣지 않는다. 그저 내 안의 흥분, 결의, 분노, 두려움, 최근 몇 년 동안 나를 스쳐간 불안의 포효를 느낄 뿐이다. 그리고 어느 순간 이 모든 게 사라져 버렸다. 한 발 한 발 앞으로 나아갔다. 나는 어둠 속에서 나와 눈이 멎을 만큼 밝은 빛 속으로 들어갔다. 생각했던 것보다 훨씬 큰 무대. 그 앞을 채운 인파의 움직임. 부바를 올려다보자 노래가 흘러나왔다. 내 차례다. 나는 두 손으로 마이크를 꼭 쥐고 관객 쪽으로 몸을 돌렸다. 머릿속에는 더 이상 어떠한 생각도 떠오르지 않았다.

1

2021년 5월

1년 전 모든 게 멈췄다. 코로나가 전 세계로 퍼지면서 나는 어쩔 수 없이 다시 내 방으로 돌아와, 집에 틀어박혀 지냈다. 최소한의 연락만 취했다. 더는 콘서트를 보러 가지 않았고, 같은 학년 친구들과도 거의 만나지 않았다. 사회적 교류의 단절, 온라인 비대면 수업, 바깥 세상에 대한 두려움, 외출에 대한 불안감, 미래 전망의 부재. 내 고등학생 시절 생활 리듬대로 세상이 돌아가기 시작했다. 드디어 내 삶을 온전히 살아 내기 시작했다는 생각이 들던 바로 그때, 나는 다시 시간을 거슬러 올라가 끝이 보이지 않던 학교생활이라는 터널에 갇히고 말았다.

내게 청소년기는 절대로 헤어날 수 없을 것만 같던 시간이었다. 벼랑 끝에 바짝 붙어 선 채, 여차하면 균형을 잃고 떨어지는 결말이 기다리고 있는. 암흑 속에서 길을 잃었고, 언젠가 여기서 벗어나게 되리라는 확신도 없었다. 그리고 2019년 마침내 악몽의 끝을 알리는 종이 울렸다. 만으로 열여덟 성인이 되고 고등학교 생활과 수업, 병원 치료에 마침표를 찍었다. 동시에 어릴 적부터 꿈꿔 온 음악과 무대와 함께 하는 새로운 삶이 펼쳐졌다. 모든 일이 매우 빠르게 잇따라 벌어진 탓에 그때까지 겪은 것들을 말로 정리할 시간이 없었다. 드디어 다 나았다고, 그 시간들이 내게 어떠한 흔적도 남기지 않았다고 믿고 싶었다. 하지만 격리에 들어간 뒤로 침투적사고(달갑지 않은 비자발적인 사고나 인상, 혹은 강박이 될 수 있는 불쾌한 생각—옮긴이)가 일어나며 스스로 병을 만들어 냈고, 나는 몇 시간이고 인터넷에서 이름도 원인도 모르는 내가 겪는 증상들을 검색하며 하루를 보냈다. 다시 나의 몸과 한 공간에 머무르며 불안과 여러 공포증과 마주하게 된 것이다.

이제는 나와 같은 고통을 겪는 이들이 많다는 것을 알기에, 그 사실을 조금 더 일찍 알았더라면, 그래서 누구든 내게 나을 수 있다고 말해 줬더라면 하는 아쉬움이 있기에, 모든 게 멈춰 선 바로 지금이 이 이야기를 다시 끄집어내어 내가 겪은 일들을 털어놓아야 할 때라는 생각이 든다. 절절한 호소에 귀 기울이는 사람이 없는, 호소를 믿어 주는 이 없는 사람들, 교실보다는 공허함과 양호실에 익숙해진 이들을 위해 내가 목소리를 낼 수 있겠다 싶었다. 침묵하고 복종하고 순응하려 애쓰지만 그렇게 하기가 쉽지 않은, 의자에 앉아 묵묵히 수업을 듣고, 친구를 사귀고, 매 시간 교실을 옮겨 다니고, 학생 식당에서의 점심, 과제 제출, 시험 전 복습, 진로 고민에 바칼로레아를 치르는 일상을 도저히 감당할 수가 없는 이들을 위해서 말이다.

나는 학교를 좋아한 적이 없다. 어렸을 때부터 내게 있어 수업을 듣는다는 것은 다른 누군가를 위해 하는 일에 불과했다. 부모님께 자랑스러운 딸이 되기 위해, 언니 빅토리아처럼 되기 위해, 사람들의 기대에 부응하기 위해 나는 수업을 들었다.

원인은 알 수 없지만 학교라는 환경은 늘 내게 위협적이었고 나를 불안하게 만들었다. 내 몸이 학교 정문을 통과하기를 거부하기 전까지 단 한 번도 교실을 편안하게 느껴 본 적이 없었다. 내가 있을 곳이 아닌 것 같았고, 늘 놀림거리가 될 것 같은, 부끄러움으로 몸이 굳어 버리는 기분이었다. 이런 증상들이 의학계에 널리 알려진 '학교 공포증'에 해당된다는 사실을 당시에는 미처 알지 못했다. 심지어 병원에 학교 공포증을 가진 학생들을 전담하는 부서가 마련돼 있음에도, 내가 다닌 학교의 선생님들은 학교 공포증에 대해 들어 본 적도 없는 듯싶었다. 그 누구도 내가 겪는 증상에 대해 아는 바가 없어 보였고, 관심이 없거나 이해하려는 노력조차 하지 않았다. 나는 고통 받았음에도 학교에서는 나의 결석을 문제 삼았다. 수업을 땡땡이치려고 꾀병을 부린다고, 내게 의지와 끈기가 부족하다고 비난했다. 그들은 특히 학생 개개인을 경우에 따라 달리 대하기를 거부했다. 학생이기 이전에 우리가 저마다의 사연과 개성을 지닌 존재라는 사실을 부정하는 듯이, 모두를 똑같이 대해야 한다는 의무라도 있다는 듯이.

학교는 마치 거푸집 같다. 정해진 기준에 부합하는 학생이 아니면, '정상적'인 아이가 아니면, 혹은 그런 척이라도 하지 못하는 아이는 내처 버린다. 다른 아이들과 다르다는 사실이 드러나면 곧바로 문제로 간주된다. 아이들이 어떤 고뇌에 빠져 있는지는 중요하지 않다. 학생 한 명 한 명을 살필 만한 인력과 수단과 시간이 충분하지 않기 때문이다. 이 아이가 자라 훗날 어른이 되고 시민이 된다는 사실을 잊은 듯이, 아이의 말에는 가치가 없다는 듯 행동한다. 아이의 고뇌는 진지하게 다뤄야 할 대상이 아니다. 학교에서 아이는 그저 규칙과 지시 사항을 준수하고 명령을 이행해야 하는 존재다. 복종해야 한다. 요구받은 게 아니라면 입을 다물어야 하고, 허락 없이 의견을 내서는 안 된다. 유럽에서 프랑스 학생들의 심리 상태가 가장 불안하다는 사실을 알고 나서도 나는 놀라지 않았다. 프랑스에서는 학교라는 테두리를 벗어나기 전까지 본인의 성격과 개성을 탐색해 보라는 격려를 찾아볼 수가 없다. 대신 옆에 있는 친구와 최대한 비슷하게 행동하기를 주문받는다. 아마도 완전히 혹은 거의 똑같은 학생들을 가르치는 편이 보다 수월한 까닭일 것이다. 분명 훌륭한 선생님도 있으며, 나 역시 이해심 많고 용기를 북돋워 주는 선생님을 만난 경험이 있다. 하지만 선생과 학생이라는 관계에서는 인간적인 측면을 배제하거나 최소한의 감정만 유지하는 게 최선이라는 식의 거리감에 늘 가로막히고는 했다.

돌이켜 생각해 보면 고1 때 찾아온 우울증이 나를 살린 셈이다. 더 어렸을 때 그리고 중학교 재학 시절 나는 나라는 존재를 관찰자의 눈으로 바라봤다. 나를 향한 외부의 시선이라고는 나 자신밖에 없다는 듯, 내가 내 몸의 주인이 아닌 양 나를 관찰했다. 내가 느끼는 바를 이해할 수 없었던 데다, 이 모든 것에 이름을 붙인다는 건 더더욱 어려운 일이었다. 해로운 교우 관계에 빠져 헤어 나오지 못했으며, 내게 불친절한 사람들을 가까이 했고, 건강한 관계가 무엇을 의미하는지 알지 못했다. 게다가 내 몸은 그때까지 내가 속에 묻어 둔 감정들의 무지막지한 위력을 느끼기 시작했다. 나는 괴롭힘을 당했고, 범불안장애를 앓았으며, 틀어박혀 지내기도 했다. 하지만 이 고통스러운 시간이 없었다면 나 자신을 알아가는 법을 배우지 못했을 것이다. 속 이야기를 털어놓는 법도, 내가 좋아하는 것과 좋아하지 않는 것, 나의 기분을 좋게 만들어 주는 것과 나를 파괴하는 것을 알아 가는 법도 절대 배우지 못했을 것이다. 나라는 사람과 다시 연결될 수 있는 기회를 갖지 못했을 테고, 끊임없이 타인의 시선을 두려워한 나머지 나의 가장 깊은 욕망들을 지나쳐 버리고 말았을 것이다.

학교생활, 괴롭힘과 우울증, 또 내가 어떻게 이런 것들에서 빠져나왔는지를 이야기하고자 하는 건, 생각보다 많은 사람들이 이 같은 일을 겪고 있기 때문이다. 격리 조치가 이어지면서 많은 청년들이 고립되고 더욱 절망에 빠지기도 했지만, 적어도 그들 중 일부는 이를 계기로 자신의 정신적 연약함과 마주했을 것이다. 이를 통한 깨달음이 일시적인 사건으로 그치지 않았으면 한다. 믿고 싶지는 않겠지만 청년들의 정신 건강은 새로운 이슈가 아니다. 오히려 너무 오랫동안 외면돼 왔다. 내가 겪은 일을 공개적으로 말하기 시작했을 때, 나는 수백 명의 사람들로부터 그들의 경험담을 받게 되었다. 일일이 답을 할 수는 없었지만 고통받는 모두에게 어떤 어려움에 직면하든 우리는 헤어 나올 수 있으며 다시 일어설 수 있다는 것을 말하고 싶었다. 혹여 다시 추락한다 해도 그것이 다시 상황이 나아질 수 없음을 의미하지는 않는다. 정신적인 문제를 겪고 있거나 겪었다는 사실만으로 우리를 판단할 수는 없다. 질병 하나만으로 설명이 되는 사람은 없다. 우리가 각자 재능을 발휘하고 새로운 시도를 하는 데 그런 판단이 끼어들 자리는 없다.

나의 이야기가 학생들의 정신 건강에 대해 터놓고 이야기하는 데 도움이 되기를 바란다. 괴롭힘, 우울증, 식이장애, 학교 공포증, 범불안장애, 이유가 무엇이 됐든 많은 아이들과 청소년은 돌봄과 온정의 손길을 필요로 한다. 무엇보다 그들의 이야기를 듣고 믿어 주는 게 중요하다. 학생들은 이를 자유롭게 이야기할 수 있는 적당한 공간을 필요로 한다. 남과 다르다는 이유로 낙인을 찍는 행위를 멈추었으면 한다. 사회와 학교는 불안에 떠는 학생, 배움의 속도가 다소 느리거나 배움에 어려움을 겪는, 또는 장애를 가진 학생들 역시 성적이 좋은 학생에게 하듯 포용해야 한다. 어려움에 처한 모든 청년이 부끄러움을 이겨 내고 침묵을 깨기를 바란다. 나는 이해한다고, 혼자가 아니라고, 도움을 줄 수 있는 기관과 전문가가 있으며, 성공의 길이 항상 학교를 통과해야 하는 건 아니라고 말해 주고 싶다. 나의 호소가 학부모, 선생님, 교직원, 나아가 모든 어른에게 닿기를 바란다. 사회는 여전히 나이를 판단 기준으로 삼아 아이는 부족하다는, 어른의 말만큼 아이의 말을 신뢰할 수 없다는 생각에 젖어 있다. 하지만 사회 구성원 모두가 그러하듯 청년들 역시 진심 어린 대우를 받을 자격이 있다. 그들에게 관심을 보이는 것에서부터 모든 변화가 시작된다.

2

　나는 2001년 8월 3일, 조부모님, 부모님의 뒤를 이어 마르세유에서 태어났다. 우리 가족은 여러 세대에 걸쳐 마르세유라는 도시와 긴 인연을 맺어 왔다. 우리가 살던 12구에서 20분쯤 지하철을 타고 시내로 나가도, 모두가 혹은 대부분이 서로 아는 사이인 데다, 태어나서 19년을 산 아파트 단지에는 정말 모르는 사람이 없을 정도다. 프랑스에서 아파트 단지라고 하면 대개 하늘로 한껏 솟아 있는 높은 건물을 떠올리지만, 실제로는 똑같이 생긴 몇 층짜리 작은 건물들이 나무에 둘러싸여 있는, 가족 단위로 모여 사는 주거지의 모습을 하고 있다. 우리 집은 1층, 우리 가족은 부모님, 두 살 많은 언니 빅토리아, 네 살 터울 여동생 오르넬라, 그리고 나다. 오랜 시간 나와 가깝게 지낸 생명체, 비슈, 이세카, 레논, 우리 강아지 세 마리도 빼놓으면 안 된다.

아빠는 일하느라 줄곧 바빴던 탓에 우리 자매는 엄마 손에 자랐다. 건강이 좋지 않았던 엄마가 이른 나이에 일을 그만두면서 우리는 집에서 여자들끼리 시간을 보냈다. 이렇게 함께 보낸 시간 덕분에 우리 세 자매에게 음악과 노래에 대한 엄마의 열정이 전달된 것이지 싶다. 젊은 나이에 우리를 낳은 엄마는, 틀어 올린 긴 밤색 머리와 튀어나온 광대라는 특징을 우리 자매와 공유하고 있어서 사람들은 엄마를 종종 우리 큰 언니로 착각하고는 했다.

기억하는 한 학교 운동장과 교실에 발을 들여놓은 이래 나의 학교생활은 시련의 연속이었다. 공부 때문은 아니었다. 모범생이라고 할 정도로 끈기가 있다거나 부지런하지는 않았지만 내가 겪은 모든 어려움에도 불구하고 유급 없이 고3까지 진학했을 정도로 충분히 바른 학생이었다.

유치원에 입학해 학교를 그만두기 전까지 나는 학교 안에서 적용되는 표면적인 규칙과 그 이면의 보이지 않는 규칙 모두에 적응하지 못했다. 정해진 틀을 깨려고 도전하는 유형이 아니었고, 오히려 그 틀에 나를 완전히 끼워 맞추지 못해 사람들 눈에 띌지도 모른다는 생각에 공포에 떨었다. 학교는 학생에게 뚜렷이 그려 놓은 좁은 경계선 안에서 벗어나면 안 된다고 말한다. 지나치게 튀어 보일 수 있는 행위, 모든 충동적인 반응을 숨기라고 말한다. 우리는 학교에서 언어와 행동을 완전히 통제하는 법을, 자신이 원하는 바를 경계하거나 무시하는 법을 배운다. 허락을 받고 나서야 자리에서 일어나고, 다 같이 같은 시간에 화장실에 가고 밥을 먹고, 노래를 하라고 하면 노래를 한다. 수다는 떨지 않는다. 웃지도, 울지도 않는다.

나 역시 중학교 때까지는 필사의 노력을 쏟으며 이러한 규칙을 따랐다. 그러던 어느 날, 더는 그렇게 할 수가 없었다. 그전부터 내게 규율은 이미 매 순간 고통이었다. 어떤 이에게는 보다 수월한 일일 것이다. 하지만 내게는 전혀 그렇지 않았다. 유치원에 들어가자마자 내 불안의 전조라 할 강박장애가 생겼다. 다른 아이들처럼 선을 피해 걸어 다녔는데, 집

> 왜 사람들은 규칙을 따르는 능력으로
> 지능을 평가하려는 걸까?
> 규칙은 다양하고, 계속해서 변하고,
> 가끔은 불합리하기까지 한데.

에서 그 정도가 더 심해지고 빈도수도 높아졌다. 이러한 미신은 강박이 되어 미세한 움직임까지 통제했다. 스트레스를 받으면 발가락을 움켜쥐고 신발 밑창을 긁는 버릇도 생겼다. 몇 주 만에 신발에 구멍이 뚫리는 바람에 부모님은 내 맨발이 땅에 닿지 않도록 주기적으로 새 신발을 사주셔야 했다. 밤에는 쉽게 잠들지 못했고 야경증을 앓았다. 한밤중에 깨어나 엄마나 아빠가 나를 다독이러 올 때까지 침대에서 소리를 질렀고 그 때마다 학교에 가고 싶지 않다고, 학교가 싫고 너무나도 무섭다고 반복해서 말했다.

어렸을 때 기억이 그리 많이 남아 있지는 않지만, 나의 어린 시절에는 엄마의 건강 문제와 그 원인을 알지 못한 채 무력하게 흘려보내야 했던 시간의 흔적이 남아 있다. 어느 날 아침, 엄마는 우리를 학교에 데려다주는 길에 쓰러졌다. 하마터면 오르넬라를 품에 안고 정신을 잃을 뻔했다. 자신에게 벌어진 일을 이해하려 애쓰는 엄마에게 주치의 선생님은 심리적인 문제라고 못 박았다. 그때부터 엄마는 밖에서 기절했다가 깨어나거나, 딸인 우리나 자신을 위험에 빠뜨릴 수 있다는 생각에 불안발작을 보이기 시작했다. 현기증을 느끼거나 시야가 흐려졌고, 경련이나 테타니(경련이 일어나는 등 신경이 과민해진 상태-옮긴이)를 겪기도 했다. 엄마가 안전하다고 느끼는 공간은 조금씩 줄어들어 집 안에서만 안심할 수 있게 되었고, 결국 아빠가 우리의 외출을 도맡았다. 그리고 몇 달 뒤 엄마는 강직성 척추염을 진단받았다. 엄마의 불안은 극도로 고통스러운 척추의 만성 염증 때문이었던 것이다. 치료를 받으며 상태가 좋아진 엄마는 다시 조금씩 외출을 하기 시작했다. 하지만 그사이 직접 겪은 것도 아닌 불안발작이 어느새 내 일상에 스며들고 말았다. 몸을 신뢰할 수 없다는, 예측하지 못한 순간에 내 몸이 나를 저버릴 수도 있다는 믿음이 마음속 깊이 새겨졌다.

초등학생 시절 나는 불안해하고 소심하고 자신감이 없는 아이였다. 초등학교에 들어갈 때 '장애' 진단을 받았는데, 이후 수년 동안 독서장애, 통합운동장애, 계산능력장애라는 세 가지 꼬리표를 달고 다녔다. 달리 말하면 인지기능장애 때문에 언어, 수학뿐만 아니라 일상 속 제스처를 익히기가 어려웠다. 나는 여전히 읽고 쓸 줄 몰랐지만, 내가 대부분의 아이들과 다르다는 건 알 수 있었다. 몇 년 동안 발음교정사의 도움을 받았다. 여러 자음(p, t, d, b)을 혼동했고 공간을 지각하는 능력이 부족했는데, 특히 문제를 풀 때 시간이 오래 걸렸다. 먼 길을 돌고 돌아 답에 이르기 일쑤였다. 나의 사고 과정이 다른 아이들의 그것과 다르기는 했어도 결과는 좋았다. 하지만 선생님에게는 학생이 계산을 하고 문제를 풀 때 선생님이 가르쳐 준 방식을 그대로 적용하는 게 중요하다는 것을 깨달았다. 그 방식이 나와 그다지 맞지 않더라도, 다른 방법으로 답을 낼 수 있다 해도 말이다.

프랑스어를 배울 때는 다른 사람과 출발점이 다르다는 걸 알았기에 실수를 하게 될까 두려웠다. 바보처럼 보일까 두려웠고, 철자를 틀리지 않으려고 배로 노력했다. 왜 사람들은 규칙을 따르는 능력으로 지능을 평가하려는 걸까? 규칙은 다양하고, 계속해서 변하고, 가끔은 불합리하기까지 한데. 지금까지도 나는 메시지를 쓸 때 고도의 집중력을 발휘해야 한다. 초등학생 때 엄마가 나와 언니에게 받아쓰기를 시키면 나는 거의 틀리지도 않았다고 한다. 마치 너는 해내지 못한다는 진단을 무색하게 만들어야 자부심을 느끼는 사람처럼. 내가 글자의 순서를 뒤바꿔 쓸 때는 지친 나머지 방심했을 때뿐이었다.

기억을 떠올리다 보니 나는 아주 어렸을 때부터 줄곧 스스로를 통제해 왔다는 생각에 아찔해진다. 학교에서 자유와 창의성, 자신감을 가르치지 않는 것이 안타깝다. 학교는 오히려 내게 문제를 일으켜서는 안 된다는 강박을 심어 주었으니. 살다 보면 어떻게 해서든 피하고 싶은 일과 맞닥뜨리기 마련인데 바로 그런 일이 내게 일어난 것이다.

중학교에 입학할 무렵의 기억은 많지 않다. 학교는 내가 살던 동네에서 몇 십 미터 정도 떨어져 있었다. 같은 초등학교를 다니던 친구들 대부분이 그 중학교에 진학했기 때문에 중학교는 그저 초등학교의 연장선이었다. 중학교 1학년이 끝날 무렵 엄마가 이미 진행된 백혈병으로 인해 심장 쪽에 종양이 생겼다는 진단을 받았다. 엄마는 급하게 입원을 했고 그와 동시에 항암 치료가 시작됐다. 엄마는 우리 자매를 불러 항암 치료가 잘 듣지 않는 경우 살 날이 몇 달밖에 되지 않는다고 말해 주었다.

이후 몇 주 동안에 대한 기억은 흐릿하다. 2학년이 되기 전 여름이었고, 우리 집 바로 옆에 살고 계시던 외할머니 외할아버지 댁에서 대부분의 시간을 보냈지 싶다. 우리의 운명은 서둘러 치료를 받기로 결심한 엄마의 치료 결과에 달려 있었다. 그 여름 내내 엄마가 무균실에서 병마와 치열히 싸우며 우리를 보지 못한 채 한 달 반 정도를 보낸 뒤에야 종양이 크게 줄어들었다는 소식을 들을 수 있었다. 결과가 이미 나왔는데도 엄마는 언니와 동생과 내가 의사 선생님을 같이 봐야 한다고 고집을 부렸다. 의사 선생님의 말씀을 우리가 직접 들어야 한다는 것이었다. "차도가 보이고 있습니다." 만으로 갓 열두 살이 된 나는 그 말이 의미하는 바를 이해하지 못했다. 주위 사람들이 엄마가 완전히 나았다고 확신할 수는 없어도 위험한 고비를 넘겼고 살 수 있다는 뜻이라고 설명해 주었다. 우리를 안으며 방긋 웃는 엄마의 뺨 위로 안도의 눈물이 흘러내리는 것을 느꼈다. 그 날을 기점으로 엄마는 다시 화장을 하고, 치료를 받는 내내 빼놓았던 링 귀걸이도 했다. 너무나 아름답고 상냥한, 보기만 해도 마음이 편안해지는 엄마를 바라보며 깨달았다. 세상에서 제일 사랑하는 사람을 잃을지도 모른다는, 그렇게 되면 나는 완전히 길을 잃을지도 모른다는, 여름 내내 내 안에 머물던 극심한 공포에서 아직 벗어나지 못했다는 사실을. 나보다 훨씬 외향적이고 감정 표현에 솔직한 언니는 안도와 기쁨을 감추지 않았고, 동생은 엄마의 팔을 붙들고 곁을 떠나려 하지 않는 와중에 나는 아무런 반응 없이 잠자코 있었다. 내 생애 가장 아름다운 날이었다고 말하고 싶었지만 내가 느낀 감정이 어떤 것이었는지 기억나지 않는다. 엄마가 아프다는 사실을 알게 된 이래 공허함에 사로잡힌 듯 줄곧 충격을 받은 상태였다. 겉으로 보기에는 아무 문제가 없는 아이였을 터다. 하지만 해일처럼 아무 때고 나를 집어삼킬 수 있는, 서로 엉켜 들끓는 감정들을 그 안쪽에서 억제하고 있었다.

엄마의 치료 결과를 기다리며 몇 달을 보내고, 엄마가 고비를 넘겼다는 이야기를 들은 바로 그날부터 악몽이 시작되었다. 그 몇 달 동안 나는 '생존 모드'로 지냈으며 감정을 거의 느끼지 못했다. 슬픔도 고통도 없었다. 이렇게 자기 자신과 멀리 떨어져 있는 느낌을 받는 해리 증상이 대개 큰 충격을 받은 이후 나타난다는 사실을 한참 뒤에야 알았다. 우리 가족은 드디어 예전의 모습을 되찾았는데, 정작 나는 내 몸 사용법을 잊어버린 기분이었다. 중학교 2학년 어느 날 갑자기 머릿속이 백지가 되었다. 어떻게 몸을 움직여야 하는지 알 수 없는, 해독할 수 없는 메시지를 보내는 낯선 사람의 몸에 들어와 있는 것 같았다.

수학 시간에 처음으로 그 일이 일어났다. 1교시를 알리는 종이 막 울린 참이었고, 의자 끌어당기는 소리, 바닥에 내팽개쳐진 가방들, 여기저기 굴러다니는 잇자국이 남은 연필들 사이를 비집고 학생들 모두가 교실로 향했다. 나는 늦잠을 자는 바람에 빈속으로 학교로 달려갔다. 교실에 들어갈 생각을 하면 늘 조금 불안해졌는데 등굣길에 다른 생각을 하면 도움이 되었다. 너무 서두른 탓인지도 모르지만 배 속에서 꾸르륵 소리가 멈추지 않았다. 나는 이 소리가 들리면 어쩌지, 누가 쳐다보면 어쩌지 하는 두려움에 사로잡혔다. 옆자리에는 초등학교 때부터 친구인 카미유가 있었다. 언제든 날 놀릴 수 있는 아이였다. 의자 아래로 숨거나 벽 속으로 녹아 사라지고 싶었다. 다른 사람의 시선이 나에게 향하는 것만 막을 수 있다면 뭐든 할 수 있을 것 같았다.

자리에 앉은 뒤 10분이 흐르고, 나는 무엇인가 잘못돼 가고 있다는 확신이 들었다. 선생님은 칠판에 수식을 적으며 설명 중이었는데, 외국어로 말하거나 저 멀리 떨어져 이야기하는 것처럼 소리만 들릴 뿐 무슨 말인지 이해할 수가 없었다. 주위를 살펴보아도 이게 지극히 정상적인 상황이라는 듯 모두 아무렇지 않아 보였다. 수업에 참여하는 아이들, 잡담하는 친구도 있었고, 평소와 다를 게 없었다. 나는 다시금 선생님 설명에 집중하려 애썼다. 올해 내가 가장 좋아하는 선생님이었다. 젊고 상냥하고 너그러운 분이었고, 다른 선생님들처럼 우리를 그저 어린 애일 뿐이라는 양 대하지도 않았다. 평소에는 선생님 수업을 열심히 들었지만 그날은 설명에 집중하기가 어려웠다. 갑자기 배가 조여 오더니 꾸르륵거리는 소리가 났다. 그 순간부터는 오로지 배에서 소리가 나지 않게 해야 한다는 생각뿐이었다. 조용히 종이를 뚫어지게 바라보며 여러 가지 가정을 해봤다. 어디 아픈 데가 있어서 배에서 이상한 소리가 나는지도 모른다. 친구들이 보는 앞에서 언제라도 구토를 하게 될 수도 있다는 걱정이 밀려왔다. 삽 시간에 뻗어 나가는 걱정과 몸에서 느껴지는 알 수 없는 감각에 잠식되는 것 같았다. 어떻게 설명하면 좋을지 알지 못했고, 누구도 이 상황에서 나를 꺼내 줄 수 없었기에 혼자 견뎌 내야 했다. 만약 누군가 도와주려 나선다면 내가 눈에 안 띄게 넘어가는 데 실패했다는 뜻일 테고, 그건 최악의 상황이었다. 눈물이 나오기 시작했는데 그 이유조차 알 수 없었다. 그저 나로서는 통제 불가능한, 넘치는 감정을 분출하는 수단일 뿐이었다고 할 밖에. 그러다 선생님과 눈이 마주쳤고 선생님은 걱정스러운 표정으로 설명을 멈추었다.

— 테싸, 괜찮니?

나는 책상에 올려놓은 손으로 시선을 떨구고 대답하지 않았다.

— 카미유, 테싸를 양호실에 데려다주겠니?

선생님은 내가 어떻게든 피하고 싶었던 바로 그 상황을 만들고 있었다. 모두가 무슨 일인지 궁금하다는 눈빛으로 나를 쳐다보았다. 자리에서 일어난 나는 가방을 쥔 채 문으로 향했고 뒤이어 카미유가 자리에서 일어났다. 복도에서 우리는 한마디도 하지 않았다. 카미유는 위로의 말을 건네지 않았고 관심 없다는 양 굴었다. 나는 그녀의 짐이 된 기분이었고, 카미유는 여기만 아니면 어디든 좋다는 태도였다.

몇 분 뒤 나는 양호실에 있었다. 양호 선생님이 물 한 컵과 각설탕 하나를 건넸다. 선생님은 무슨 일이 있었는지, 자신이 어떤 도움을 줄 수 있는지 물으며 내가 입을 열기를 기다렸다. 내가 아무 말도 하지 않자 침대 누워 나아지기를 기다려 보자고 했는데, 그러고 한 시간이 지났음에도 나는 교실로 돌아갈 수 없을 것 같았다. 결국 선생님의 전화를 받은 엄마가 나를 데리러 왔다.

정말로 아팠는지 여부는 알 수 없지만, 그날 이후 나는 교실을 벗어나 계속해서 양호실로 도망쳐야 했다. 도대체 내게 무슨 일이 일어나고 있는지 알 길이 없었다. 그저 장염이었을 뿐인지도 모르지만, 불가사의한 병이거나 누구도 밝혀내지 못한 심각한 병에 걸린 게 분명하다는 생각이 문득 들기도 했다.

결국 엄마는 주치의 선생님과 진료 예약을 잡았다. 어려서부터 봐온 마르고 허약한 인상의 선생님이다. 말수가 많지는 않지만 부드러운 눈빛을 지닌 분이었다. 진찰실에서 책상을 사이에 두고 선생님과 마주 앉았다. 그 자리가 불편했던 나는 계속해서 다리를 떨었다. 엄마가 내원 이유를 간략히 설명하자 진찰실에는 잠시 침묵이 흘렀다. 이윽고 선생님이 헛기침을 한 번 하고는 물었다.

– 증상이 어떤지 설명해 주겠니?

손이 축축해졌다. 관심 받고 싶지 않았다. 나는 심호흡을 했다.

– 제게 일어난 일을 어떻게 설명해야 할지 잘 모르겠어요. 지금은 매일 그래요. 교실에 들어가면 배가 아프기 시작하고, 몇 분이 지나면 머리가 빙빙 돌고 손에 땀이 나요.

토할 것 같은 기분에 교실 밖으로 나가야 해요.

선생님은 고개를 끄덕이고는 질문을 이어 갔다.

- 교실 밖으로 나가면 구토를 하니?
- 아니요, 그렇지는 않아요.
- 자, 정리하자면 토할 것 같은 기분이 들지만 하지는 않
  는다는 거구나. 양호실에 가면 괜찮아지니?
- 보통은 그래요. 그런데 교실로 돌아가면 다시 시작돼
  요.

선생님은 고개를 다시 끄덕였고 짧은 침묵이 이어졌다. 그
리고 엄마에게 말했다.

- 상태가 그렇게 안 좋은 것 같지는 않습니다. 보아 하니
  전혀 걱정할 필요가 없습니다.
- 그러면 이런 증상은 왜 나타나는 거죠?

엄마가 집요하게 물었다.

– 아, 그거요? 아무것도 아닙니다. 스트레스 반응일 뿐이
죠. 나아질 겁니다. 아시잖아요, 청소년기가 쉽지 않은
시기라는 거. 테싸도 성장하면서 분명 감정과 압박감을
더 잘 다루게 될 겁니다.

아마 그럴 테지만, 적어도 어째서 이러한 증상을 겪을 정
도로, 의자에 앉아 있기 힘들 정도로 스트레스를 받는지 이
해하려 해봐야 하지 않나? 뒤죽박죽 질문들이 떠올랐지만 난
아무 말 없이 미소를 지었다. 나는 절대로 어른의 말에 반기
를 들지 못할 것이다.

병원을 나와 차창 밖으로 스쳐 지나가는 도시 풍경을 바라
보려니, 내가 스스로에게 낯선 사람이 되어 가고 있다는 생
각에 목이 메었다. 선생님이 나의 증상에 대해 설명해 주고
해결책이나 치료법 같은 걸 알려 주시리라 기대했는데. 어쨌
든 스트레스를 낮춰 준다는 동종요법(질병의 증상과 유사한 증상
을 일으켜 신체가 스스로 치유하도록 하는 대체의학의 한 종류–옮긴이)

을 처방해 주셨으니 효과가 있을 거라고 스스로 납득하려 했다. 하지만 스트레스로 구역질이 나거나 속이 뒤집어지고 현기증을 느낄 수 있다면, 스트레스가 그 밖의 다른 형태로도 나타날 수 있다는 얘기가 되지 않나? 어쩌면 보다 심각한 형태로?

이후 중학교 2학년 한 해는 양호실에 가거나 결석을 하거나 둘 중 하나로 채워졌다. 아침에 상태가 안 좋다 싶으면 나는 수업에 들어가기를 거부했다. 몸이 아프다는 확신과 내게 문제가 있다는 의심 사이를 오갔다. 나의 뇌, 나의 의식이 지배하는 쪽이 있는 한편, 불안이 깊이 자리하고 있는 미지의 영역, 즉 나의 몸이 다른 쪽에서 의식의 통제를 벗어나려 하는 듯했다. 외부로부터 오는 위협도 아니고, 심지어 나는 몸에게 편안한 은신처를 제공한 셈이라 피해자가 된 기분이었고, 스스로를 보호하기 위해 어떤 것도 할 수 없었다.

선생님들은 내가 교실 밖으로 나가도 이제는 그러려니 했다. 대부분은 이해해 주었다. 특히 수학 선생님은 내가 몸이 좋지 않은 척을 하는 게 아니라는 걸 잘 알고 있었다. 내가 교실 밖으로 나가는 선택을 피하기 위해, 시선을 끌지 않고 조용히 책상 앞에 앉아 있기 위해 갖은 노력을 기울인다는 걸 알아주었다. 수업에 거의 들어가지 못했던 탓에 몇 안 되는 친구인 카미유와 노에미와도 멀어졌다. 서로 사이가 좋지 않던 그 둘과는 달리 나와 노에미에게는 공통점이 많았다. 소심한 편인 노에미는 튀는 타입이 아니었고, 다양한 헤어스타일과 음악을 좋아했다. 하지만 불안발작을 겪은 이후로 노에미를 볼 기회가 점점 줄었다. 카미유는 나를 어린 여자애 취급하더니 내가 경계하는 안나, 폴린과 가까워졌다.

음식에 대한 강박도 생겼다. 소화가 되는 느낌은 공포스러웠고, 내가 잊고자 하는 몸의 존재를 일깨웠다. 조금이라도 이상한 느낌이 들면 구토에 대한 공포심이 일었다. 나는 작전을 하나 세웠다. 늦게 일어나 뭔가 먹을 시간조차 없었던 날 증상이 처음 나타났기 때문에 다른 시도를 해보기로 했다. 일찍 일어나 아침을 많이 먹기. 하지만 수업 시간에 또 구역질이 났기 때문에 다음에는 먹는 양을 조금 줄여 보았다. 나는 이렇게 온 신경이 음식에 쏠리는 과잉각성(모든 자극에 예민해지는 흥분 상태-옮긴이)에 빠져 버렸다.

양호실 선생님과는 가까운 사이가 되었다. 선생님은 아침

042

에 내가 학교 정문에서 멀지 않은 양호실로 오는 걸 봐도 더이상 놀라지 않았다. 양호실 벽은 학교 폭력, 인유두종바이러스 백신, 피임법, HIV, 마약 예방 등의 포스터로 뒤덮여 있었다. 세상에 위협이 되는 것들이 이렇게나 많은 것이다. 대개 선생님과 나 둘뿐이었고, 우리만의 작은 루틴이 있었다. 물 한 잔과 각설탕 하나. 선생님은 나를 편안하게 해주려고 노력했고, 내가 마음을 가라앉힐 수 있도록 말을 걸어 주었다. 그러면서도 본인의 분야가 아니라고 여겼기에 섣불리 나의 문제를 진단하려 들지 않았다. 다음 수업에 내가 교실로 들어갈 수 있기를 바라며 그저 내가 편안히 시간을 보내고 안심하도록 도울 뿐이었다. 처음에는 엄마에게 데리러 와 달라고 했지만 일주일간 같은 일이 반복되자 엄마는 다른 방법이 없을 때 최후의 수단으로 연락을 달라고 선생님에게 부탁했다. 선생님은 엄마의 몸이 좋지 않다는 사실을 잘 아는 만큼 연락하는 상황을 피하려고 최선을 다했다.

불안증이 학교 밖에서도 나타나기 시작하면서 집에서도 부모님이 통제할 수 없는 수준에 이르고 말았다. 지금은 불안중이 어떠한 전조 증상 없이 올 수 있다는 점을 알지만, 당시에는 언제든 발작이 일어날 수 있다는 생각에 두려웠다. 눈앞이 흐려지거나 다리에 힘이 빠져 버릴까 봐, 혹은 심장이 목구멍까지 튀어 오를까 봐, 모르는 사람들 앞에서 슈퍼마켓이나 차 안에서 증상이 나타날까 봐 두려웠다. 내 모든 신경은 신체 혹은 정신 증상에 쏠려 있었는데, 심지어 집을 나가 위험과 시련이 가득해 보이는 바깥세상과 맞서야 한다는 생각에 두려움을 느끼기까지 했다. 외출하기 전 내 마음을 안심시켜 준다고 믿은 일종의 의식을 거쳤다. 우선 외출한다는 사실을 적어도 한 시간 전에는 내게 알려 줘야 했다. 그래야만 밖에서 화장실에 가고 싶지만 갈 수 없는 경우를 대비해 미리 여러 번 화장실에 다녀올 시간을 확보할 수 있다고 생각했다. 차 안에서는 내가 좋아하는 노래, 마음을 편안하게 하는 음악을 반복해 틀어야 했는데 주로 톰 오델(영국의 가수이자 작곡가-옮긴이)을 들었다. 음악만으로도 충분하지 않을 때는 안전벨트를 맨 채 빠른 속도로 달리는 작은 공간에 갇혀 있다는 사실이 스트레스로 다가왔다. 머리가 빙글빙글 돌고 숨이 가빠지다가 울음이 나왔다. 자동차에 올라 100미터

내 일상을 지배한 것은 불안발작,
내 몸과 바깥세상에 대한 불신이었다.
이 모든 것이 사라지는 순간도 있었다.
불필요한 생각에 틈을 내주지 않고
현실에 몰두하는 순간이 그랬다.
어렸을 때부터
나는 음악에 푹 빠져 있었다.

쯤 갔을 때 더는 갈 수 없을 것 같아 부모님에게 돌아가자고
한 적도 있다.

　내 일상을 지배한 것은 불안발작, 내 몸과 바깥세상에 대
한 불신이었다. 이 모든 것이 사라지는 순간도 있었다. 불필
요한 생각에 틈을 내주지 않고 현실에 몰두하는 순간이 그랬
다. 어렸을 때부터 나는 음악에 푹 빠져 있었다. 노래 부르기
를 좋아한 엄마는 근처 문화센터에서 수업도 들었는데, 어린
언니와 동생, 나를 수업에 데려가기도 했다. 우리는 구석에
앉아 자신의 순서가 되면 프랑스어나 영어로 된 유명한 노래
를 부르는 여자들을 보며 감탄했다. 주로 마돈나 샤키라의
곡, 「태양왕」 같은 뮤지컬 수록곡이었다. 그러다 우리도 노래
를 해보고 싶다는 마음이 생겼고, 부모님은 내가 열한 살 때
쯤 우리를 노래 수업에 보내 주었다. 만 여섯 살 때 피아노
수업을 몇 번 들었던 적이 있기는 했지만 9개월 정도였다. 당
시 나의 여러 가지 '장애'를 알게 되면서 이미 학교에서 겪은
것과 같은 문제들로 인해 솔페지오를 배우는 데 애를 많이
먹었다. 하지만 이론과 실습이 뒤섞여 있다는 점에서 노래

수업은 달랐다. 분기마다 무대를 꾸미고 공연에서 노래를 불렀다. 수업 시간에는 한 명씩 보컬 테크닉과 무대에서의 마음가짐에 대해 배웠다. 늘 매우 소심했던 나는 내 몸과의 관계, 나를 바라보는 시선이 불편했지만 노래를 하는 동안은 그런 것들에 신경 쓰지 않았다. 음악과 그 순간 말고는 아무 것도 존재하지 않는 기분이었다. 나는 내 노래에 집중했다. 수업을 담당한 마린 선생님은 젊고 목소리가 멋있는 분이었다. 현재까지도 나의 강점 중 하나인 화음, 즉 3도, 5도로 노래하는 법을 선생님에게 처음 배웠다. 선생님은 목소리의 기능, 본연의 목소리를 내는 법, 호흡의 중요성, 감정을 유지한 채 배운 것을 그대로 적용하는 법 등, 노래의 모든 기초를 가르쳐 주었다. 하지만 정해진 틀 속에서 단체로 수업을 듣는 일이 쉽지 않았던 나는 엄청난 에너지를 써야 했다. 결국 2년 뒤 의욕을 잃고 수업을 그만두었다. 대신 피아노를 배울 때부터 쓰던 신시사이저로 홀로 연습을 이어 나갔다. 반주를 하기 위해 코드 읽는 법을 익혔고, 중학교 졸업 무렵에는 교육용 영상을 보며 기타를 독학하기 시작했다.

방에 처박혀 연습하느라 시간 가는 줄 몰랐지만 시간이 멈

춘 듯한 이런 순간을 제외하고는 내가 별나다는 생각을 멈출
수 없었다. 분명 내게 문제가 있는 것이다. 대부분의 사람들
에게는 그 어떤 노력도 필요 없는 일이 내게는 매일 아침 반
복 되는 끝없는 투쟁이었다.

3

혼란스럽던 중학교 2학년을 보내고 별문제 없이 다시 학교에 나가기 시작했지만, 여전히 학교에 다녀야 하는 이유를 찾을 수 없었다. 숙제와 복습은 하고 싶지 않았고, 시험 때문에 스트레스에 시달렸어도 내게는 선택권이 없었다. 학교가 내게 맞춰 주지는 않을 테니 나를 학교에 맞추는 수밖에.

작은 학교라 나는 모든 선생님을 알았고, 내가 언니 빅토리아의 동생인 만큼 모두가 나를 알았다. 나는 편한 공간이 아니었던 교실에 느끼는 적대감을 줄일 나만의 방법을 찾아냈다. 중학교 4학년(프랑스 중학교는 4년제다—옮긴이)에 올라갈 때까지는 내게 일어나는 일을 통제하지 못할 것 같다는 생각이 들면 동종요법 약을 복용하면서 견딜 만한 수준으로 스트레스를 유지할 수 있었다. 또 엄마의 향수를 뿌린 스카프를 늘 목에 두르고 다녔는데, 익숙한 그 향기가 마음을 편안하게 해주었다. 약으로 해결되지 않을 때 스카프에 코를 파묻으면 안정을 되찾는 데 도움이 됐다.

사춘기에 접어드는 중학생 때 우리는 대개 이성에 눈을 뜬다. 소녀로 입학해 숙녀로 졸업하는 것이다. 바비 인형과 놀며 머리카락에 열광하던 작은 여자아이가 불과 몇 년 뒤에 짠 하고 화장한 얼굴에 핸드백을 들고 담배를 피우면서 나오는 것이다. 이 방면으로도 나는 역시 뒤처져 있었다. 센스가 묻어나는 말과 행동, 긴 갈색 머리, 사선으로 내린 앞머리, 챙 달린 모자까지, 나는 언니를 우러러봤다. 나와 다르게 언니는 사회생활을 할 때 이미지가 얼마나 중요한지 잘 알고 있었다. 언니는 강렬한 색의 옷을 입고, 큰 목소리로 당당하게 말하고, 설령 자신의 의견이 모두를 만족시킬 수 없다 해도 개의치 않았다. 언니는 모두의 관심을 받았다. 언니를 좋아했고 존중했다. 언니는 인기 많은 학급 대표, 나는 눈에 띄지 않기를 바라며 벽만 훑는 아이였다. 하지만 그 소심한 태도 때문에 오히려 주목을 받게 되었다. 나는 중학교 입학과 동시에 주기적으로 신체적인 괴롭힘을 당했다. 지금 와서 생각해 보면 그런 일이 벌어질 수 있다는 사실이, 심지어 어른들 누구도 알아채지 못하고 개입하지 않았다는 사실이 비상식적이라 여겨진다. 하지만 그 당시 아이들이 나를 계단에서 밀치고, 벽으로 내던지고, 내 가방을 잡아당기는 일은 일상다반사였다. 언니는 내가 동경하는 무리에 속해 있었는데, 나는 절대 그들처럼 될 수 없을 것 같았다. 언니를 모르는 사람이 없었고, 나는 언니의 동생으로 알려졌을 뿐이었다. 그래도 언니와 같은 학교에 다녀서 좋은 점도 많았다. 교실 앞 복도에서 상급생 남자아이가 내 머리를 때리는 걸 본 언니가 그 애에게 달려들어 언니 친구들이 말릴 때까지 그 애를 때린 적도 있다. 하지만 같은 이유로 내가 바라는 투명 인간이 될 수 없었다. 언니 친구들 눈에는 내가 언니와 전혀 다른 기질을 가지고 있는 게 확연히 드러났기 때문이다. 나의 소심함과 불안은 그들에게는 웃음거리였고, 내 외모 역시 놀림의 대상이었다.

"
공부는 하고 싶지 않아 10년 뒤
내가 꿈꾸는 삶을 상상하며 그림을 그리고 있었다.
학교에서 멀리 떨어진 곳,
아마도 파리에서 매일 음악을 하고 있을 나.
투어를 떠나고 콘서트를 하는 모습을.
"

나는 외모에 전혀 관심이 없었다. 누군가를 유혹하고 유혹당하는 일은 나로서는 딴 세상 이야기였다. 나는 정말 어릴 적부터 다른 여자아이들에 비해 여성성이 부족하다는 지적을 받았다. 몸을 가리는 펑퍼짐한 옷을 주로 입었는데, 학교 단체 사진을 보면 난 지극히 평범한 중학생이다. 다른 동성 친구들과 키도, 체격도 같았고, 머리카락 길이도 중단발로 똑같다. 그럼에도 불구하고 평범하지 않다는, 바보 같고 못생겼다는 생각을 떨칠 수 없었다. 통합운동장애 때문에 머리 빗는 일이 어려웠고 내 머리카락은 자주 덥수룩한 채였다. 머리를 깔끔히 정리하고 앞머리가 눈을 가리지 않도록 앞머리를 옆으로 끌어와 머리핀으로 고정했다. 예뻐 보이는 것보다는 편한 게 훨씬 좋았던 것이다. 나는 내가 다른 아이들과 다르다는 걸, 특히 그 때문에 주변 어른들이 걱정한다는 걸 알았다. 우리가 여자아이에 흔히 기대하는 모습에 내가 부합하지 않는다는, 그 점이 문제였다.

초등학교 때부터 친구였던 카미유는 나와는 반대로 매우 여성스러웠다. 중학생 때부터 꽤 일찍 화장을 시작했고 유행에 맞는 옷을 입었다. 외모에 신경을 많이 쓰는 아이였다. 내 머리는 늘 엉켜 있어도 카미유의 금발은 아침마다 미끄러져 내릴 듯 윤기가 흘렀고, 마스카라와 아이라이너가 파란 눈동자 주위를 감싸고 있었다. 그리고 늘 매우 달콤한 냄새를 풍겼다. 카미유는 어떻게 하면 자신의 가치를 높일 수 있는지, 인간관계에서 외모가 얼마나 중요한 역할을 하는지 알고 있었다. 따라서 나는 카미유가 닮고자 하는, 본보기로 삼아야 한다고 배운 기준에 전혀 들어맞지 않았다. 엄마는 같은 반 여자아이들과 너무도 다른 나의 모습과 그런 나를 향한 지적을 걱정했다. 악의는 없어 보여도 친구들에게 남자 티셔츠를 입었다고 혹은 머리가 헝클어졌다는 놀림을 받았다고 했을 때 낯빛이 어두워지던 엄마. 엄마는 내가 소외되지는 않을까 걱정했다. 종종 카미유가 심술궂게 콕 찍어 말했듯 내가 아직도 너무 애처럼 보이는 점이 나를 더욱 무리와 다르게 보이게 했다. 나는 다른 여자아이들과 같은 속도로 자라지 않았다. 화장을 하지 않는다고 놀림거리가 되고 남자애 같다는 말을 들었다. 남과 다른 부분 때문에 노력하지 않는다고 비난받았다.

사람들은 내가 너무 소심하고, 본인의 생각을 있는 그대로 말하지 못하고, 또 쉽게 불편함을 느끼기 때문에 나를 비웃어도 된다고 생각했다. 나는 초등학교 때부터 괴롭힘을 당했다. 친구들은 가끔 알 수 없는 이유로 점심시간에 나를 따돌렸고, 나는 테이블에 혼자 남겨졌다. 체육 시간에는 나를 넘어뜨리거나 내 체육복을 잡아당기는 놀이를 했다. 그냥 재미있으니까. 그런 행동이 거슬릴 때면 나는 바보같이 웃어 버렸고 상황은 더 우스워졌다. 친구들은 나를 밀치고 내 가방을 잡아당겼다. 내가 들어가 있는 화장실 안으로 들어오려고까지 했다. 무엇 때문에 이런 식으로 내게 모욕을 주는 건지 도저히 이해할 수 없었다. 바지를 내리고 있는 나를 놀라게 하거나 겁주려고? 결국 나는 사람이 많을 때는 화장실에 가지 않았고 몇 시간 동안 볼일을 참기도 했다. 자신을 지킬 용기가 없었다. 그저 내가 사라져 버려 그 누구도 나를 괴롭히지 않았으면 좋겠다고 생각했다. 중학생이 되고 또래 아이들과의 차이가 점점 극명하게 드러나면서 상황은 더 나빠졌다. 나는 끊임없이 외모에 대한 평가를 들어야 했다. 남자애들이 외모를 기준으로 여자애들 순위를 매기는 나이였다. 물론 나는 중1 때부터 늘 하위권이었다.

지금까지도 남아 있는 콤플렉스가 바로 이때 생겨났다. 프랑스어 시간에 필기를 하고 있을 때였다. 옆자리 남자애가 나를 뚫어지게 쳐다보기 시작했다. 봄이었고 날이 더워 나는 짧은 소매 티셔츠 차림이었다. 내 피부에 그 애의 시선이 닿는 게 느껴졌고 고개를 돌려 그 아이를 바라봤다. 입가에 짓궂은 미소를 띤 그 애가 내 팔을 보더니 갑자기 소리쳤다.

– 와, 이렇게 털 많은 여자애는 처음 봐!

나는 얼굴이 새빨개졌지만 아무렇지 않다는 듯 웃었다. 내 새하얀 팔 위 짙은 색 털이 도드라져 보이기 시작했다. 두 시간 뒤 체육 시간, 같은 반 남자애 여럿이 내게 와 털을 보여달라고 했다. 나는 수치스러웠고 마치 내가 괴물처럼 느껴졌다. 저녁에 집에 돌아와 곧장 엄마에게 털어놓았다. 엄마는 나를 진정시키려 애쓰면서, 중학생 남자애들은 아직 덜 성숙한 법이라고, 여자 팔에 털이 나는 건 자연스러운 일이라고 설명했다. 며칠 후 나는 처음으로 팔에 난 털을 밀었는데, 이후 쭉 제모를 하고 있다.

나는 2000년대 초반에 태어나 SNS와 함께 자란 세대다. 수업이 끝난 교실에서는 모두가 인스타그램, 트위터 혹은 스냅챗을 들여다본다. 학교와 집이라는 장소 간, 친구들과 그리고 가족끼리 보내는 시간 사이에는 더 이상 경계가 없다.

어느 월요일 아침 등굣길에 나는 웬일로 기분이 좋았다. 여름의 끝자락. 중학교 4학년이 되었고, 전날은 날씨가 좋아 언니와 해변에 놀러 갔다 온 참이었다. 가끔은 카미유가 나를 진짜 친구로 여기지 않는다는 생각에 불안했는데, 주말 동안 카미유와 메시지를 몇 번 주고 받으니 마음이 놓였다. 아침에 화장실 거울에 비친 내 얼굴은 햇볕에 그을린 탓에 정말 못나 보였다. 학교 정문에 가까워졌을 때쯤 카미유, 안나, 폴린이 보였다. 친구들에게 다가가는데 무엇인가 잘못되었다는 느낌을 받았다. 카미유가 해변이 좋았는지 내게 묻자 안나와 폴린이 웃음을 터뜨렸다. 무엇이 우스운 건지 알 수 없었다. 거북했지만 그래서 같이 웃었다. 배가 아파 오고 열이 오르기 시작했다.

— 어제 네가 올린 사진 멋지더라.

카미유가 불쑥 말했다.

- 무슨 사진?

카미유는 아무 대답 없이 얄궂은 눈빛으로 나를 뚫어지게 쳐다봤다. 안나와 폴린은 이 상황이 만족스럽다는 듯 지켜보고 있었는데 그 어느 때보다도 즐거워 보였다. 도대체 무슨 이야기를 하는 건지 의아해하던 중에 순간 전날 바다 앞에서 다리를 찍은 사진이 떠올랐다. 그런 식으로 사진 찍는 게 유행하던 시절이었다. 나는 막 인스타그램 계정을 만든 참이었고, 다른 사람들처럼 하고 싶었다.

- 그런데 다음에는 사진 찍기 전에 다리털을 미는 게 어때? 네 털 구역질 나.

그러니까 친구들은 다리털 때문에 웃은 거였다. 양 볼이 달아올랐다. 창피한 나머지 뭐라고 응수해야 할지 몰랐다. 그런 사진을 올리다니, 왜 그런 바보 같은 짓을 했을까.

― 테싸, 널 위해서 하는 얘기니까 기분 나쁘게 듣지 마. 신
경 좀 써야 할 것 같아. 이미지라는 게 중요하잖아.

친구들은 어떻게 쉽게 누군가를 사귀고, 상대를 편하게 대
할 수 있는 걸까? 어떻게 수업에 들어가고, 여자아이처럼 행
동하는 걸까? 사람들 틈에 녹아들기 위해 그들의 행동과 애
티튜드를 따라 하려 노력했지만, 나는 항상 사소한 부분을
놓치곤 했고, 결국에는 내가 억지로 꾸며 내고 있다는 사실
을 들키고 말았다. 그래도 집에서는 긴장을 풀고 나의 본모
습으로 돌아갈 수 있었다. 이제는 그게 뭘 의미하는지도 잘
모르겠지만. 학교에서는 감시당하고 평가 받는 느낌이다. 자
연스럽게 행동하기란 사실상 불가능했는데, 그렇지 않으면
내가 얼마나 유별나고 이상한지를 모두에게 알리는 식이었
다. 외계인처럼 보이고 싶은 사람은 아무도 없을 것이다. 더
군다나 만 열네 살의 나이에 말이다. 때문에 수업 시간에 가
능한 한 눈에 띄지 않고, 그 누구의 시선도 끌지 않으려고 애
썼다. 내가 세운 나만의 생존 전략에 따라 매 순간 경계를 늦
추지 않았다. 하지만 모든 노력에도 불구하고 자습실의 그

날처럼 내게 관심이 집중될 때가 있었다. 시선을 끄는 게 너무도 두려운 나머지 나는 씹던 껌을 쓰레기통에 버리기 위해 자리에서 일어나 교실을 가로지를 엄두를 내지 못했다. 아무도 보지 않기를 바라며 조심스럽게 입에서 껌을 뱉어 휴지에 감싸 가방에 넣었다. 이후 수학과 프랑스어 수업 사이에 한 시간이 비었고, 공부는 하고 싶지 않아 10년 뒤 내가 꿈꾸는 삶을 상상하며 그림을 그리고 있었다. 학교에서 멀리 떨어진 곳, 아마도 파리에서 매일 음악을 하고 있을 나. 투어를 떠나고 콘서트를 하는 모습을. 종이에 온 신경을 집중하고 상상에 빠져 있는데, 카미유와 다른 아이들이 웃음을 터뜨리는 소리가 들렸다. 고개를 들고 보니 내 가방을 들고 그 안을 뒤지는 게 아닌가. 나는 속으로 비명을 삼켰다. 친구들이 무엇을 찾아낼지 뻔했다. 잠시 후 껌을 감싼 휴지를 찾아낸 그들은 불쾌하다는 듯 소리쳤다.

  ─아, 테싸! 너 정말 역겹다. 네 가방이 쓰레기통은 아니잖아!

내가 울음을 터뜨리자 생활지도 선생님이 우리 쪽을 돌아보았다. 순간 친구들의 목소리 톤이 상냥하게 바뀌었다.

- 아니, 그게 아니라 테싸, 울지 마. 그냥 농담이었어. 네가 마음 상할 줄 몰랐어.

어떤 말도 위로가 되지 않았다. 우리가 자습실이 아닌 다른 곳에 있었다면 분명 계속해서 나를 놀렸겠지. 중학교 4학년이던 그 해는 내가 어떻게 손쓸 새도 없이 모든 게 예상치 못한 방향으로 흘러가고 있었다. 나는 친구들 사이에서 모두가 왕따라고 공공연히 여기는 따돌림 피해자가 되어 있었고, 어떻게 하면 다시 예전으로 돌아갈 수 있을지 알 수 없었다.

주위 사람들은 어떻게 그 많은 시간과 에너지를 쏟아 가며 그 많은 친구를 사귈 수 있는 건지 나로서는 신기할 따름이다. 사회가 한 유형으로 수용하기만 한다면 나는 혼자일 때 더 행복한 사람이다. 외부로부터의 압박과 끊임없는 평가에서 나를 보호할 수 있을 테니까. 껌 사건 이후 그래도 절친한 관계라 여겼던 노에미를 포함해 같은 반 모든 친구들과 거리를 두었다. 더는 사람들과 관계를 유지하고 싶은 마음도, 경쟁을 하거나 평가를 받고 싶지 않았으며 그럴 여력도 남아 있지 않았다.

점점 더 음악으로 도망쳤다. 새로운 아티스트를 발견할 때마다 그 아티스트의 노래를 반복해 들었는데, 나이가 나보다 조금 위인 영국의 5인조 보이 그룹 로드트립을 알게 되고는 트위터 계정을 만들어 로드트립의 팬클럽에 가입했다. 그때부터 트위터에 많은 시간을 할애했고 여러 동성 친구들을 사귀었다. 한결 단순하고 진정성이 느껴지는 온라인 세계에서의 관계가 훨씬 마음에 들었다. 유치원 때부터 알고 지낸 사람들보다 다른 도시, 심지어 다른 나라에 사는, 대개 연상의 사람들과 어느덧 더 많은 것을 공유하고 있었다.

연말이 다가왔고 중학교 생활도 막바지를 향해 가고 있었다. 빨리 이 시기를 마무리하고 다음 장章으로 넘어가고 싶었다. 고등학교에 입학하면 새로운 시작을 할 수 있을 터였다. 게다가 내가 들어갈 고등학교에는 음악 동아리가 있었는데, 언니가 이미 멤버로 활동 중이었고 나 역시 동아리에 가입할 생각이었다. 동아리에서 개최한 콘서트에 한 번 다녀온 뒤로

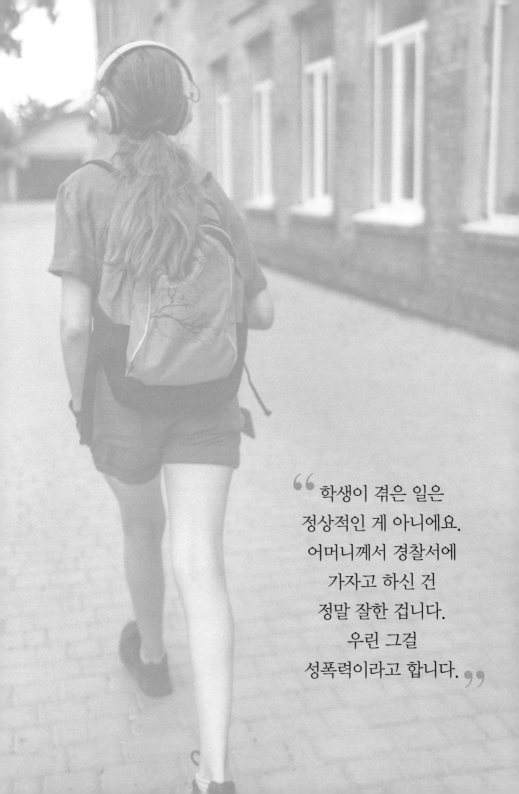

> 66 학생이 겪은 일은
> 정상적인 게 아니에요.
> 어머니께서 경찰서에
> 가자고 하신 건
> 정말 잘한 겁니다.
> 우린 그걸
> 성폭력이라고 합니다. 99

나는 더 진지한 자세로 노래와 피아노, 기타 연습에 다시 매진하기 시작했다. 좋아하는 아티스트의 노래를 커버하면서 개학 때까지 일정 수준으로 실력 끌어올릴 생각이었다. 중학교 때 많이 듣던 원 디렉션의 노래를 시작으로 곡 커버를 하면 할수록 나의 음악 취향도 변해 갔다. 하지만 우선 방학 전 중학교 졸업장을 따야 했다. 성적은 꽤 좋은 편이었지만 졸업 시험을 보는 동안 내 몸이 내게 무슨 짓을 할지 예측할 수 없었고, 공포에 사로잡힐까 봐 두려웠다. 미술사 구술시험이 특히나 나를 공포에 떨게 했다. 하지만 그때는 미처 알지 못했다. 졸업 시험이 아닌 또 다른 시련이 나를 기다리고 있음을.

  학년이 끝나기 몇 주 전 어느 날 오후 프랑스어 선생님이 자리를 비웠다. 프랑스어 수업이 그 날의 마지막 수업이었으므로 우리는 곧장 집으로 돌아갈 수 있었다. 학교를 나서며 엄마에게 평소보다 수업이 일찍 끝났다는 메시지를 보냈다. 수업을 한 시간 더 들어야 하는 학생이 대부분이어서 정문 쪽에 사람이 별로 없었다. 같은 반 친구들도 빠르게 흩어졌다. 그런데 바로 그 때 그 아이들이 눈에 들어왔다. 나보다 한참 작은 남자애들 셋이 나를 주시하고 있었다. 중1이었으니 나보다 네 살 어렸지만 결코 그렇게 느껴지지 않았다. 일주일 전부터 나를 내버려 두지 않던 애들이다. 나와 마주치면 말을 걸고 휘파람을 불어 대며 내 '엉덩이가 빵빵하다'느니 '몸매가 끝내준다'느니 하는 농담을 던졌다. 그즈음 혹여 그 아이들에게 해코지를 당하지는 않을까 온 신경을 곤두세우고 있었기에 텅 빈 학교 앞에서 그 애들과 마주치는 일만은 피하고 싶었다.

정면을 바라보며 집 쪽으로 올라가고 있는데 그 아이들이 뒤따라오는 게 느껴졌다. 길에는 카미유를 제외하고 아무도 없었지만 카미유마저 길 건너편에 있었다. 나는 발걸음을 재촉했다. 몇 분 뒤면 아파트 단지에 도착할 테고 나는 안전할 것이었다. 그런데 갑자기 그들이 내 뒤로 빠르게 다가오더니 한 명이 내 어깨를 붙잡았다. 나는 굳어 버렸다. 무리에서 가장 작은 애가 "우리 같이 섹스 할래?" 하고 물었고 그들은 다 같이 웃음을 터뜨렸다. 대답할 엄두도 내지 못한 채 나는 보도에 주차된 차들과 남자애 세 명 사이에서 오도 가도 못할 때까지 걸음을 재촉했다. 맞은편에 있던 카미유가 날 보았지만 겁이 났는지 섣불리 끼어들지 못했다. 순간 한 아이가 내게 다가오더니 몸을 비비기 시작했고 가슴을 만지려 했다. 나는 소리를 지르며 공포에 질려 온몸이 굳어 있던 상태에서 겨우 벗어날 수 있었다. 온 힘을 다해 그 아이를 밀치고 집을 향해 달리기 시작했다. 길 위쪽에 있던 같은 반 친구들이 무슨 일이 벌어지고 있다는 걸 알아채고는 내가 집까지 뛰어가는 동안 남자애들 무리를 막아서며 내쫓아 주었다.

문을 열고 집으로 들어섰을 때 엄마는 막 담뱃불을 붙이고 거실에 앉아 있었다. 한 손에는 핸드폰이 들려 있었다. 온다는 문자를 받았는데 내가 제시간에 오지 않자 걱정되는 마음에 전화를 하려던 것이었다. 나는 눈물을 펑펑 쏟으며 방금 겪은 일을 설명했다.

엄마는 경찰서에 가자고 나를 설득했고 30분 뒤 우리는 경찰서에 있었다. 내 이야기를 가만히 듣던 경찰관이 말했다. "학생이 겪은 일은 정상적인 게 아니에요. 어머니께서 경찰서에 가자고 하신 건 정말 잘한 겁니다. 우린 그걸 성폭력이라고 합니다."

하지만 일주일 동안 고심한 끝에 나는 고소하지 않기로 했다. 그 아이들에게 문제가 생기기를 바라지 않았다. 문제는 그 애들이고, 어떤 경우에도 내 잘못이 아닌 것을 알지만 당시로서는 없던 일로 만드는 게 훨씬 간단해 보였다. 엄마는 내가 끝까지 포기하지 않고 고소하기를 바랐는지도 모른다. 엄마는 부당함을 참지 못하는 사람이고, 자신의 딸이 그 피해자라면 더욱 그럴 것이었다. 법적 조치가 취해질 수 없다면 적어도 학교 차원에서 처벌이 이루어지기를 원했던 엄마는 세 아이의 이름을 알아냈다. 아이의 부모님들은 학교에 불려와 한 소리 듣긴 했지만, 교장 선생님이 엄마에게 설명하기를 날 괴롭힌 키 작은 아이가 나와 사귀고 싶은데 어떻게 행동해야 할지 몰랐던 것뿐이었단다. 교장 선생님이 보기에 이 사건의 핵심은 그 남자애가 버림받았고 매우 상처를 받았다는 점이었다. 누가 진짜 피해자란 말인가. 난 이 일을 잊기로 했다. 곧 중학교를 졸업하면 그 아이들을 다시 볼 일은 없을 테니까.

4

　자신과 늘 어느 정도 거리를 두지 않으면 안 되는 사람마냥, 내게는 중학교를 마치고 고등학교 들어가기 전 여름의 기억이 거의 없다. 마지막 학기가 끝나기 며칠 전 나는 친구를 모두 잃었고, 가장 믿었던 친구에게마저 창피를 당했다.

　어느 날 오후 여자 화장실에서 벌어진 일이다. 어떻게 시작된 일인지는 불분명하지만 내가 트위터에 가입한 뒤로 사이가 소원해졌다고 날 원망하던 노에미가 불난 데 부채질을 했던 건 분명하다. 노에미는 나와 멀어지고 반에서 가장 인기가 많은 오렐리와 친해졌다. 오렐리는 카미유보다도 인기가 많았다. 나와는 비슷한 점을 눈곱만큼도 찾아볼 수 없었다. 오렐리는 자신의 생각을 말하는 데 주저함이 없었고, 다른 사람과 의견 차이로 부딪쳐도 갈등을 원만히 해결했다. 주목받는 일을 두려워하지 않았다. 확실히 해두자면 오렐리는 모두가 친해지고 싶어 하는 예쁘고 재미있는 아이였다. 그녀를 볼 때면 나는 주눅이 들고, 감탄과 존경, 두려움까지 섞인 감정을 느꼈다. 때문에 화장실에서 나올 때 나를 기다리는 오렐리를 발견한 그 순간, 나는 마치 악몽에서 튀어나온 장면을 보는 기분이었다. 오렐리와 갑자기 마주치다니, 무슨 일이 벌어지고 있는 건지 이해할 길이 없었다. 나는 절망스러운 눈빛으로 주변을 둘러보았지만 그녀와 나 둘뿐이었고 도망칠 수도 없었다.

- 그런데 테싸, 너 되게 호박씨 잘 까는 타입이더라! 할 말 있으면 나한테 직접 하면 되잖아. 이제 내숭 좀 그만 떨어!

오렐리가 빽 하고 소리를 질렀다. 내가 한 이야기를 노에미가 오렐리에게 전했고, 오렐리가 그 이야기를 마음에 들어

하지 않는 상황이었는데, 도대체 무슨 이야기를 말하는 건지 알 수가 없었다. 당시 노에미와 거의 대화를 나누지 않았기 때문에 떠올리려 해도 나로서는 알 도리가 없었다. 자신을 저버린 데 대한 노에미만의 복수였던 듯싶다. 이 상황에서 벗어날 방법을 찾으려 재빨리 최근 며칠을 돌이켜 보는데, 벌게진 볼에 눈에는 화가 가득한 오렐리가 크게 손짓해 대며 계속해서 소리를 질렀다. 무서웠다. 정면에 보이는 화장실 문 밖으로 학생들이 모여들었다. 생활지도 선생님이 아이들에게 물러나라고 말하고 있었다. 선생님이 우리 사이를 중재하고 오렐리를 막아선 틈을 타 나는 운동장으로 도망쳐 몸을 숨겼다. 몸이 덜덜 떨리고 눈물이 나왔다. 몇몇 사람들이 나를 위로해 주었는데 그 가운데 결코 나를 괴롭히지 않을 거라 여겼던 카미유도 있었다. 선생님도 몇 분 있었다. 튀고 싶지 않은 소심한 아이였던 나는 그날 학교 전체의 구경거리가 되었다, 서커스에서 묘기를 부리는 동물처럼. 몇 달 만에 다시 공황발작 증상이 나타나고 있었다. 불안은 2년 전부터 사라질 기미 없이 숨죽인 채 웅크리고 있었을 뿐, 내 몸이 더 이상 불안을 이겨 내지 못하자 다시 고개를 들기 시작한 것이다.

며칠 뒤 졸업 구술시험에서 난 결국 울면서 나와 버렸다. 스트레스로 공포에 휩싸인 채 어찌할 바를 몰라 쩔쩔맸다. 제대로 생각을 할 수 없어 분했고 눈물이 났다. 그럭저럭 다른 시험을 끝내고 드디어 방학을 맞았다. 여름에는 집에 머물며 아무도 만나지 않고 음악을 할 작정이었다. 인간관계에 쏟을 에너지가 남아 있지 않았다. 나는 지쳤고 우울했다. 대부분의 시간을 인스타그램에 올릴 커버 곡을 만드는 데 썼다. 록 그룹 트웬티 원 파일럿츠를 알게 되면서 주로 그들의 노래를 커버했고, 그 후로도 몇 년간 트웬티 원 파일럿츠는 나의 피드(SNS에서 자신이 팔로우하는 사람들의 게시물이 뜨는 창-옮긴이)를 채웠다. 아무도 나를 찾지 못할 만한 아이디를 만들었다. 특히 나를 이전부터 알아 온 사람들이 몰랐으면 했다. 부끄러웠고, 노래하는 모습이 담긴 영상을 보지 않기를 바랐다. 분명 내게 잘난 척한다고, 건방지다고 말할 게 불 보듯 훤했다. 중학교 졸업 시험 결과가 발표되던 날 아침, 학교 앞에 붙어 있는 점수를 보러 가지 않았다. 누군가와 마주칠 위험을 감수하고 싶지 않았다. 카미유에게서 전화가 왔다. "테싸, 네 점수 봤어? 왜 학교 안 왔니? 너, 학교에서 평균 점수

3등이야!"

나중에야 그 여름 내가 겪은 증상들에 이름이 있다는 걸 알았다. 당시에는 내게 일어난 일을 말로 어떻게 설명해야 할지 몰랐다. 음악을 하고 나만의 세계로 숨고 싶다는 생각 외에는 어떠한 욕구도 느끼지 못한 채 나 자신이 현실에 존재하지 않고 고립된 것 같았다. 여전히 트위터에 많은 시간을 썼는데 예전 같지 않았다. 로드트립 팬클럽 사람들과 나누던 대화가 이전과는 다른 양상을 띠기 시작했다. 그들은 서로 날을 세웠고, 분위기는 말 그대로 건전하지 않은 방향으로 흘러갔다. 폭력적인 관계를 피할 수 있다고 생각했는데, 나는 나도 모르는 사이 사이버 폭력의 피해자가 되어 있었다. 수백 명의 사람들이 내 게시물에 욕설을 남겼다. "이 등신 같은 여자애 좀 봐!", "아니, 심지어 못생겼는데 자기가 예쁘다고 생각하는 듯." 안나 토드의 소설 『애프터』의 주인공과 이름이 같다는 이유로 창녀 취급을 당하기도 했다. 'hate(혐오)'라는 단어가 들어간 계정이 판을 치던 때였다. 어떤 사람이 익명으로 트위터 계정을 여러 개 만들어 다른 사람들에게 자신의 분노를 쏟아 내고 있었다. 그 해 여름은 잘 기억나지 않지만 내 계정이 혐오의 표적이 되었다는 사실을 깨닫던 순간만큼은 또렷하게 남아 있다. 나에게 자살하라고, 목숨을 끊는 데 성공하기를 바란다는 말을 남겼다. 물론 익명으로. 그날부터 비관적인 생각이 몰려왔다. 잠이 들면 다시 깨어나고 싶지 않았다. 절대 다시. 이런 식의 청소년기가 이어지는 게 인생이라면 과연 나는 계속 살아갈 마음이 있는 건지 알 수 없었다.

학교에서 레오라는 감수성이 예민한 남자애와 친해졌다. 레오를 보자마자 나와 공통점이 많다는 걸 알 수 있었다. 어쩌면 너무 많았는지도 모르겠다. 레오 역시 매우 주눅이 들어 있었는데, 내게 죽고 싶다는 메시지를 보내며 의도치 않게 나의 기분마저 다운되게 만들었다. 레오는 나를 좋아한다는 고백이 담긴 편지를 주기도 했지만, 나는 사랑이나 감정과 관련된 모든 것을 전혀 편하게 느끼지 못했다. 친구들은 이미 모두 남자친구가 있었지만 나는 이성에 전혀 관심이 없었다. 내가 충분히 빠른 속도로 자라지 못하고 있는 것 같았다. 아니면 친구들이 너무 빠르게 성숙해지고 있거나. 아무튼 나의 성장 속도는 친구들과 같지 않았다. 그 여름, 레오가 나를 좋아한 적이 없다고 털어놨다. 노에미가 편지를 쓰라고 시켰다는 것이다. 노에미는 내가 불편해하고 이상하게 행동하리라는 걸 알고 있었다. 그게 재미있다고 생각한 모양이다. 도대체 이 모든 게 언제쯤 끝이 날까.

레오는 주기적으로 내게 시내로 놀러 나가자고 제안했지만 나는 차츰 거절하기 시작했다. 혼자 외출하고 싶지 않았다. 중학교 친구들, 아니면 날 따라왔던 남자애들을 만날까 겁이 났다. 거절이 이어지니 레오도 더는 묻지 않았다. 나는 방에서 홀로 의기소침했다. 가끔 혼자 음악 작업을 하며 커버 곡을 올리는 계정을 채워 나갔다. 자존감을 조금이나마 다시 끌어올릴 수 있는 몇 안 되는 일이었다. 언니, 동생과도 거리를 두었다. 부모님도 더 이상 어떻게 해야 할지 모르겠다는 눈치였다. 날 걱정하셨다.

여름 내내 고등학교가 중학교보다 나을 것 같지는 않다는 생각이 머릿속을 채웠다. 더 나빠질 거라고 확신했다. 불안증이 다시 모습을 드러내고 있었다. 불안은 나를 붙잡고 절대 놓아주지 않으리라. 두려운 건 수업이 아닌 그 외의 모든

66
마티외는 내 수업이 끝날 때까지 기다렸다.
우리는 손을 잡았고 열렬히 키스했지만
거기까지였다. 99

것이었다. 복도에서 벌어지는 온갖 일들, 고등학교 생활을 함께 할 사람들, 동화되기 위해 쏟아야 할 노력, 친구를 사귀는 일, 관심을 끌지 않는 일 등.

개학 날, 알람이 울리기도 전에 눈을 떴다. 몇 달 전부터 내 안에 똬리를 튼 불안감이 엄습했다. 고등학교는 중학교보다 조금 아래쪽, 집에서 멀지 않은 곳에 있었다. 가는 길은 눈에 훤하다. 아파트 단지에서 나가자마자 왼쪽으로 꺾은 뒤 길 아래로 쭉 내려가기만 하면 된다. 침대에 여전히 누운 채로, 어둠 속에서, 모두가 아직 자고 있는 시간에, 괜찮을 거라고 스스로를 다독이며 등굣길을 계속해서 머릿속으로 그려 본다. 곧 부모님과 언니, 동생이 일어나겠지. 그러면 난 언니와 서로 먼저 샤워를 하겠다고 다투다가, 속이 뒤틀리기는 해도 뭐라도 삼켜 보려 애쓸 것이었다.

다행히 학기 초반은 걱정했던 것만큼 나쁘지는 않았다. 카미유와 중학교 친구들 몇몇과 같은 반이 되었지만 모르는 애들도 많았고 다들 친절했다. 나는 특히 이 학교를 선택한 이유인 음악 동아리에 나가기 시작했다. 몇 년 전 음악 애호가

인 선생님들이 만든 동아리였다. 학생과 선생님 들이 모여서 함께 연주하는데, 목요일 저녁에 열리는 두 시간짜리 팝&록 시간에는 선생님들이 드럼과 전자기타를, 화요일 저녁 어쿠스틱 시간에는 어쿠스틱기타를 연주했다. 나는 노래를 했는데 그게 너무나도 좋았다. 집에서 작은 키보드 반주에 노래하는 것보다 진짜 악기 연주에 맞춰 노래할 때가 훨씬 더 짜릿하다. 무대에 설 때가 유일하게 내가 나를 위하는 순간이었다. 가끔 다른 학생들이 찾아와 내 보컬이 좋다는 말을 하기도 했지만 그들에게 잘 보이려고 노래하는 게 아니었다. 내가 그 모든 걸 하는 이유는 스스로 충만해지는 느낌 때문이었다. 다른 곳에서는 절대 느낄 수 없는 감정이니만큼 내게는 너무나 소중한 시간이었다. 우리는 일주일에 여러 번 연습했고, 곧 학교 무대에 오를 예정이었다. 많은 사람들 앞에서 처음으로 노래한다는 생각에 두렵기도 하고 설레기도 했다.

동아리에서 아르튀르를 알게 되었다. 피아노를 연주하는 친구로, 처음에는 거만해 보여 전혀 마음에 들지 않았는데 어느 순간 빠르게 친구가 되었다. 아르튀르는 록, 인디뿐만 아니라 클래식도 자주 들었다. 그는 내게 수많은 작곡가를 알려 주었는데, 나는 그중에서도 쇼팽과 드뷔시를 특히 많이 들었다. 곧바로 아르튀르가 믿을 만한 사람이라는 생각이 들었다.

나는 고3인 언니와 다시 같이 학교에 다니게 되었고, 언니의 친구들과 보내는 시간이 늘었다. 중학교 때부터 이미 진지한 연애를 여러 번 했던 언니와 달리 나는 여전히 이렇다할 연애 경험이 없었다. 남자친구를 만들어야 한다는 압박감과 더불어 사랑에 빠진다는 게 어떤 건지 알고도 싶었다. 그러던 중 언니 친구 마티외가 내게 호감을 보였다. 눈에 띄게 잘생기진 않았지만 친절했다. 호기심에 동해서, 나도 다른 사람들처럼 하고 싶어서, 마티외가 내게 사귀자고 했을 때 그러자고 대답해 버렸다. 사실 나는 그때 그게 정말로 뭘 의미하는지 몰랐다. 마티외는 내 수업이 끝날 때까지 기다렸다. 우리는 손을 잡았고 열렬히 키스했지만 거기까지였다. 더 나아가고 싶지 않았다. 우리는 서로 그 무엇도 공유하지 않았다. 마티외는 상냥했지만 나는 우리가 친구로 남을 수 있을지조차 알 수 없었다. 곧 이 연애가 나와 맞지 않는다는 것을 깨달았다. 마티외를 좋아하지 않았고, 다른 사람들이 아닌 마티외와 함께 더 시간을 보내고 싶은 것도 아니었다. 하지만 이미 관계가 시작된 이상 마티외에게 그만하자고 말해야 했다. 내가 먼저 이별을 고해야 하는 입장이어도, 그에게 상처를 주게 된다 해도. 어려서부터 타인의 욕구보다 나의 욕구를 우선시하는 게 어려웠다. 마티외는 나와 함께 있는 걸 좋아했고 그걸로 됐다고, 지금이 아니면 아마 누군가가 나를 좋아할 일은 없을 거라고 생각했다. 결국 나는 어느 날 갑자기 마티외에게 헤어지자고 말했다. 그는 절망했고, 나 자신을 원하지 않는 관계에 밀어 넣어 상처받을 필요가 없는 사람에게 상처를 주었다는 사실에 충격을 받았다. 다시는 이런 일이 일어나지 않게 하겠다고, 이런 시도를 하지 않겠다고 다짐했다. 마티외와의 일이 있고 나서, 나는 한동안 절대 누군가를 좋아할 수 없으리라고 생각했다.

수업은 생각했던 것보다 무난하게 흘러갔다. 어느 정도 이상으로 흥미가 생기지는 않았지만 무난히 따라갈 수 있었고, 선생님들도 꽤 친절했다. 다만 이탈리아어 수업은 몹시 두려웠다. 같은 반 아이들과 함께 듣지 않는 수업이라 아는 친구가 한 명도 없었기 때문이다. 그래도 선생님은 재미있고 활동적인 분이었다. 어느 날 내 옆에 어떤 여자애가 앉았다. 모르는 아이였지만 중학교 때 화장실에서 내게 소리를 지른 오렐리를 떠올리게 했다. 바보 같다는 걸 알면서도 수업 내내 그 생각이 났고, 주위에서 일어나는 일에 집중할 수가 없었다. 내 옆에 앉은 이 아이는 중학생 시절의 기억과 불안증을 불러냈다. 내 상황이 전보다 나은 게 아니라는 걸, 아니 앞으로 절대 그럴 일은 없으리라는 사실을 확인시켜 주듯이.

5

　개학하고 얼마 지나지 않아 나는 다시 수업에 빠지기 시작했다. 학교는 수업을 빼먹는다고 내게 따졌지만 흔히 말하는 땡땡이는 절대 아니었다. 땡땡이친다는 말에는 선택의 여지가 있다는 의미가 내포돼 있다. 수업을 들을 수 있지만 그것보다는 다른 걸 더 하고 싶다는 뜻이다. 그러나 내 경우는 귀찮아서, 변덕 때문에 아니면 짜릿함을 느끼고 싶어서가 아니었다. 아직까지도 이 사실을 믿기 힘들어하는 사람들이 있다. 고통에 허덕이는 청소년들에게 귀 기울이고 지지를 보내고 더 나아질 수 있게 해결책을 찾아 도와주려 하기는커녕 그들이 들려주는 이야기를 문제 삼는 데 시간을 허비하는 걸

66

생각에서 오는 고통에 무뎌지자
나는 바늘로 내 살갗을, 다리를,
온몸을 찔렀다.
내게 고통을 가하는 행위가
나를 진정시킬 유일한 방법이었다.

99

보면 여전히 분노가 차오른다. 나는 오래도록 누군가 손을 내밀어 주기를 바랐지만 그 누구의 도움도 받지 못했다. 적어도 고등학교에서는 그랬다. 물론 나도 다른 이들처럼 수업 시간에 조용히 자리에 앉아 문제를 일으키는 일 없이 그저 가끔 지루해하기만 한다면 좋았을 것이다. 하지만 나로서는 그냥 불가능한 일이었다. 내 몸이 해낼 수 없는 일이었다.

새 학기에 대한 희망과 첫 주에 느꼈던 에너지가 사그라졌고, 음악 동아리에 들어가고 나니 학교에 대한 기대감은 빠르게 식었다. 불안증은 하루하루 조금씩 심해졌다. 중2 때와 상당히 비슷한 증상이었는데, 달라진 점이라면 내가 어떤 병을 앓고 있으며, 그 병이 신체가 아닌 정신의 문제라는 사실을 안다는 것이었다.

처음에는 일주일에 한 번 그러다 두 번 또는 세 번 수업에 빠지다가, 어느 순간부터는 하루에 한 번이 되었고, 곧 하루 수업을 모조리 빠질 수밖에 없었다. 나는 내 안에 침잠했고, 다시 밖으로 나가기가, 내가 느끼는 것들을 마주하기가 두려웠다. 내가 느끼는 것들이란 거대한 고독인 동시에 다른 이들에게 다가갈 수 없다는 무력감이다. 결코 이해받을 수 없다는 느낌. 나를 짐스럽게 느낄 가족을 포함한 모두가 적으로 보였다. 내가 없는 삶이 가족에게도 더 편하리라 여겼고, 가족들도 가끔은 그렇게 생각할 거라고 의심했다. 하지만 내가 어떻게 가족을 탓하겠나. 나라도 같은 생각을 했을 것이고, 그래서 가끔은 모든 게 멈추었으면 했다.

사실 그런 상태에서 어떻게 헤어나야 할지 전혀 갈피를 잡지 못하던 그 기억이 떠올라 다시 그때 일을 들추는 게 매우 고통스럽다. 미래에 대한 어떠한 희망도 보이지 않았고, 어떤 식으로 변화가 나타날지 짐작조차 할 수 없었다. 그때만큼 자신감이 낮았던 적이 없다. 그 여름에는 자살하고 싶다는 생각이 미래에 대한 모든 행복한 상상을 압도했다. 내가 전적으로 만들어 낸 악몽에서 벗어날 수 없었다. 나 자신이 너무 하찮아 보였고 쳇바퀴 돌듯 그런 생각을 되풀이했다. 수업에 들어가는 것처럼 쉬운 일을 하지 못한다는 사실이 기가 막혔다. 세계 곳곳에 있는 수억 명의 학생들이 하고 있는 일이 아닌가.

생각에서 오는 고통에 무뎌지자 나는 바늘로 내 살갗을, 다리를, 온몸을 찔렀다. 내게 고통을 가하는 행위가 나를 진정시킬 유일한 방법이었다. 몸에 고통이 가해지면 내 안에 억제된 것이 외부로 분출되는 것 같아 기분이 좋았다. 누구에게도 이 사실을 털어놓지 않았고, 이러한 행동에 이름을 붙인다고 해서 달라질 게 있을 거라고 생각하지 못했다. 당시에는 달리 풀어낼 방법이 없었다. 몸에 남은 상처 때문에 더운 날에도 긴 바지만 입었다. 부모님은 이미 나 때문에 충분히 골머리를 앓으셨기에 이 사실을 감추고 싶었다. 그런데 어느 날 밤, 옷을 갈아입는데 언니가 불쑥 방으로 들어왔다. 내가 만든 상처를 가릴 겨를도 없었다. 언니의 시선은 이미 상처로 향해 있었다. 언니가 나를 바라봤다. 아무 말 없었지만 어떤 상황인지 이해한 것 같았다. 그 일 이후 나는 언니가 부모님에게 말할까 봐 겁이 났다.

엄마는 여러 강연에 참석해 내게 벌어지고 있는 일을 이해하려고 애썼다. 따로 말한 적은 없어도 인터넷 검색 기록만으로 충분히 알 수 있었다. 부모님은 내가 다시 학교에 잘 다닐 수 있도록 돕고자 모든 걸 했지만 역부족이었다. 아빠는 초조함에 발을 동동 굴렀다. 딸이 노래는 하지만 학교 수업을 듣지 못한다는 사실을 받아들이지 못했다. 아빠는 수업을 성실히 듣지 않으면 키보드와 마이크를 압수하겠다고 내게 엄포를 놨고, 언니는 부모님이 지나치게 관대하다고 생각했다. "쟤는 노력을 아예 안 해요. 그냥 수업 들으러 가기가 귀찮은 거예요." 언니가 엄마에게 이렇게 말하는 걸 들은 적이 있다. 내가 나아지기 위해 아무것도 하지 않는다고 했다.

음악이 없었다면 나는 정말로 모든 걸 멈춰 버리고 싶었을 것이다. 음악 없이는 살 수 없다. 내가 좋아하는 트웬티 원 파일럿츠 그리고 얼마 전부터는 빌리 아일리시의 노래를 계속해서 연습하고, 인스타그램 계정에 커버 곡을 업로드했다. 커버 곡을 올릴 때는 내 커뮤니티 규모를 키우기 위해 해당 아티스트를 태그했다. 어느 날, 빌리 아일리시가 내 커버에 '좋아요'를 눌렀고 며칠 동안은 온종일 그 생각이 머리에서 떠나지 않았다. 난 뭐든 할 수 있고 계속 해야겠다고, 중간에 포기하지 않는다면 언젠가 빛을 발할 거라고 믿었다.

학교 사람들에게 내 계정이 들통나고 말았다. 이제는 비밀이 아닌 게 되어 버렸다. 내 계정을 아는 사람은 마티외뿐이었는데 나와 헤어진 후 여기저기 말하고 다닌 모양이었다. 친구들은 내게 배신감을 느꼈다. 내게는 나만의 비밀을 간직할 권리가 없다는 듯 왜 미리 이야기하지 않았느냐는 말을 들었다. 가끔 모르는 고등학생들의 응원을 받았고 나의 포스팅을 좋아한다는 말을 듣기도 했다.

영상을 만들고 무대에는 오르는데 학교 수업은 듣지 못하는 상황이 모순적으로 보인다는 걸 잘 안다. 나 역시 이해되지 않지만 설명할 수가 없다. 노래를 할 때면 내가 내 몸의 주인이 된 것 같고, 머리가 휴식을 취하는 듯하다. 내가 무엇인가를 느끼는 유일한 순간으로, 이때를 제외하고는 감각이 마비가 되는 것 같다.

결석은 잦았지만 음악 동아리에 나가지 않는 건 상상할 수 없는 일이라 다시 '정상적'인 학생이 되기 위해 노력했다. 하지만 학교에서는 이렇게 계속 수업을 빼먹으면 음악 동아리에 참여할 수 없게 된다고 경고했다. 언니가 틀렸다. 나는 더 나아지기 위해 처절하게 노력했다. 아침마다 새로운 전략을 짜고 발작을 일으킬 만한 요소들을 예상했다. 항상 음식을 경계하며 마른 음식만 먹으려 신경을 곤두세웠다. 특히 우유는 무조건적으로 피했고 구토를 유발할지도 모른다는 걱정에 채소도 먹지 않았다. 지나치게 서둘러 등교 준비를 하는 데서 스트레스가 오는 건지도 모른다는 생각에 매일 새벽 5시에 일어나 첫 수업 시작 전 여유 시간을 갖기도 했다. 그렇게 일주일을 보낸 후 아무 소용이 없다는 걸 인정해야 했지만, 계속해서 정시에 일어나 준비하고 학교로 향했다. 최대한 차분한 상태로, 긍정적인 마음으로 도착하기 위해 등굣길에 숨 쉬는 연습을 했다. 그리고 학교 앞에서 같은 반 친구들을 만났다. 내가 거쳐 온 시간이 친구들과의 관계에 신경을 쓸 수 없는 여건이었음에도 중학교 때와 달라진 점이라면 내가 정말로 좋아하는 사람들을 만났다는 것이다. 아침마다 친구들을 만나면 안심이 되고 용기가 생겼다. 하지만 교실에 도착하고 문이 닫히면 어쩔 수 없이 똑같은 일이 반복되고 만다. 그러면 나는 어떻게 해서든 존재를 드러내는 불안증에 맞서기 위해 애를 쓴다. 내 마음에 평안을 가져다주던 그 스카프를 여전히 챙겨 다녔지만 더 이상 먹히지 않았다. 동종요법 약도 효과가 없었다. 늘 같은 식이었다. 울음을 터뜨릴

때까지 참다가 교실을 나가도 되는지 묻는다. 불안을 가라앉
히려 노력하면서 다시 교실로 들어갈 수 있기를 바라며 복도
를 서성이지만 소용이 없다. 내게 딱히 관심을 주는 사람도
없다.

　몇 달 동안 같은 꿈을 꿨다. 학교 복도를 걸어 다니며 출구
를 찾지만 찾을 수가 없다. 아직까지도 몇 시간 동안 복도를
거닐던 그 무렵을 자주 떠올린다. 교실보다 복도가 더 익숙
했다. 혼자 외로이 복도를 서성이다 보면 선생님들이 수업하
는 소리가 들린다. 학교가 가진 의미를 생각해 본다. 모두가
그렇게 얘기하기 때문에 나도 안다. 고등학교 졸업장을 따는
게 미래를 위해 중요하다는 걸. 하지만 복도를 배회할 때면
내가 내 몸이 보내는 신호를 해독하지 못하는 것처럼, 마치
이해할 수 없는 연극 속에 꼼짝없이 갇힌 등장인물이 된 기
분이다. 무엇 때문에 내 몸은 그렇게 소리를 크게 질러 대는
걸까? 무엇을 필요로 하는 걸까? 소통을 하려는 게 분명한데,
아마도 자신을 충분히 생각해 주지 않는다고 원망하는 목소
리인지도 모른다. 내 몸은 좋게 봐야 껍데기에 불과하고, 나

쁘게 보면 반응을 예측할 수 없고 절대 신뢰할 수 없는 적에 가깝다. 언제든 나를 배신할 수 있는, 경계 태세를 취하게 만들지만 표면적으로는 위험하지 않은.

부모님은 나의 불안증에 끊임없이 적응해야 했다. 내가 걸어서 학교에 갈 수 없는 아침이면 엄마가 차로 데려다주었다. 등굣길이 무서웠고 엄마가 운전하는 차를 타야만 안정이 됐기 때문에 아빠가 데려다주는 것도 거부했다. 집에서는 다툼이 점점 잦아졌다. 학교 친구들 역시 지겨워했다. 어느 날 한 친구가 말했다. "아, 너 또 발작이야?" 순간 이들이 내 옆에 있어 주고, 나를 도와주고, 진정시키는 데 얼마나 큰 부담을 느끼고 있을지 짐작이 갔다. 그들도 각자 해결해야 할 문제가 많을 터였다. 나의 발작은 나만 괴롭히고 있는 게 아니었다. 모두를 괴롭히고 있었다.

모든 성인 대축일(그리스도교의 모든 성인을 기념하는 축일―옮긴이) 방학이 끝나고 학교로 돌아오자 9월부터 나를 위협하던 학교의 경고가 현실이 되었다. 생활지도 부장 선생님이 내가 수업을 더 많이 듣지 않으면 음악 동아리 참여를 불허한다는 학교의 결정을 알려 주었다. 하지만 동아리 선생님들은 내 편을 들어 주었고, 몰래 나를 연습에 들여보내 주었다. 그즈음 리허설 도중 처음으로 무대 위에서 발작을 일으켰다. 노래를 부르고 있는데 갑자기 숨이 쉬어지지 않더니 질식할 것만 같았다. 몇 초간 무의식적으로 가사를 뱉어 내다가 버그에 걸린 양 머릿속이 캄캄해졌다. 내가 여기서 뭘 하고 있는 건지, 무슨 노래를 부르고 있는지 알 수 없었다. 그러다 울음이 터졌다. 음악은 오래전부터 어떠한 불안도 느끼지 않도록 나를 감싸준 보호막이었다. 스트레스 때문이었다. 무대에 오르기 전 느끼는 불안 탓도 있겠지만, 그럼에도 노래를 부른 몇 분이라는 짧은 시간 동안 몸이 내 편이 돼주는 듯했다. 내 안에서 공포감이 몸집을 불리고 있었고, 그 위력에는 한계가 없으리라는, 언젠가 아예 집 밖으로 나올 수 없게 될지도 모른다는 생각에 배가 조여 왔다.

금요일은 일주일 중 최악의 날이다. 아침부터 쉬는 시간 없이 프랑스어와 역사 각각 두 시간씩 연달아 수업을 들어야 했다. 그해에는 수업을 끝까지 들을 수 있었던 적이 한 번도 없었다. 그러다 기적처럼 수업을 끝까지 들은 날이 있었다. 내가 두 시간 동안 자리에 앉아 있었던 것이다. 놀라운 일이었다. 별일 아니었지만 너무나 뿌듯했고 희망을 얻었다. 물론 사람들이 내게 브라보를 외치며 환호해 주기를 바라는 건 아니다. 흐뭇한 미소를 지으며 교실을 나오는데 선생님이 슬그머니 다가왔다. "그래, 테싸, 드디어 내 수업이 선택 사항이 아니라는 걸 깨달았구나? 다음에도 그걸 기억하도록 해." 한 대 얻어맞은 기분이었다. 나를 진지하게 여기기를 거부하는 태도, 누가 우위에 있는지 늘 상기시키려는 욕구에 분노가 일었다. 내가 수업을 빠지는 이유에 대해 벌써 수차례 설명했건만, 선생님은 내 이야기를 귀담아듣지 않은 셈이다.

점심시간에 바깥 공기를 쐬러 밖으로 달려 나갔다. 머리가 핑 돈다. 몇 주 전부터 잠들지 못하고 새벽까지 뜬눈으로 생각에 잠기기 일쑤였다. 누적된 피로에 몸이 비틀거린다. 학교 앞에 도착하면 나 자신이 나약하게 느껴지다가 어느 순간 실신할 것만 같았다.

"

생활지도 부장 선생님이 내가 수업을
더 많이 듣지 않으면 음악 동아리 참여를
불허한다는 학교의 결정을 알려 주었다.
하지만 동아리 선생님들은
내 편을 들어 주었고,
몰래 나를 연습에 들여보내 주었다.

"

6

12월 어느 날 나는 학교 정문 앞에서 유독 격렬한 발작을 일으켰고, 생활지도 선생님이 내게 달려왔다. 이름은 쥘리에트. 작은 키, 갈색 머리에 늘 미소를 짓는. 나이는 아마 20대. 법학과 학생이었다. 쥘리에트와는 잘 알고 지내는 사이였는데 복도에서 종종 마주쳤고 가끔 짧은 대화를 나누기도 했다. 쥘리에트는 생활지도 부장 선생님이 내게 음악 동아리에 참여할 수 없다는 엄포를 놓을 때 내 편을 들어 주려 했다. 그녀는 동아리야말로 내가 학교 시스템의 끈을 놓지 않고 버티게 하는 유일한 원동력이라는 걸 알고 있었다. 고맙게 생각한다. 나는 팔로 머리를 감싼 채 바닥에 앉아 있었다. 나를

향한 시선을 무시하고 내 호흡에 집중해 내 볼을 달아오르게
하는 부끄러움을 떨쳐 내려 했다. 구역질이 났다. 그 순간 나
의 유일한 목표는 구토를 하지 않는 것이었다. 쥘리에트가
다가와 무릎을 꿇으며 나와 눈높이를 맞추더니 부드럽게 물
었다.

  － 테싸, 사람들을 멀리 떨어뜨려 놓으면 네가 좀 편해질
    까?

말을 할 수 있는 상태가 아니었던 데다 계속 호흡에 집중
하고 있었지만 나는 고개를 끄덕였다.

  － 좋아, 내가 도와줄게. 우리 몇 미터만 가보자, 저기 벤치
    보이지?

다시 고개를 끄덕이자 쥘리에트가 자신의 팔을 내 어깨 밑
으로 넣고는 무리에서 나를 떨어뜨려 놓았다. 벤치에 앉으니
호흡이 안정되고 편안해졌다. 쥘리에트는 내 옆에 앉아 기다

렸다. 얼마 후 그녀가 내게 물었다.

– 좀 나아졌니?
– 네.

내가 낮은 목소리로 대답했다.

– 아, 다행이다. 그런데 지금은 수업에 들어갈 수 없고 이
  런 상태로 여기 계속 앉아 있을 수도 없어. 내가 네 부모
  님한테 너를 데리러 오라고 알려야 돼. 나만 알고 이렇
  게 넘어갈 수는 없어

나는 휴대폰을 꺼내 엄마 번호를 누르고 쥘리에트에게 건
냈다. 신호가 가는 동안 쥘리에트가 내게 말했다.

– 혹시 물어봐도 괜찮다면, 테싸, 일반의나 정신과 의사랑
  상담하고 있니? (나는 대답하지 않았다.) 알겠지만 너한테
  도움이 될 거라고 생각해. 한번 해보면 좋을 것 같지 않

니? 생각해 볼래?

나는 쥘리에트의 눈을 보지 않은 채 고개를 끄덕였다. 15분 뒤, 엄마가 도착하자 드디어 집으로 돌아갈 수 있었다.

이번 발작은 나의 힘을 모조리 앗아갔고 나는 완전히 무기력해졌다. 돌아가는 길에 엄마는 무슨 일이 있었는지 알아보려 대화를 시도했지만, 나는 두 단어조차 연달아 뱉어 내지 못했다. 내게 무슨 일이 벌어지고 있는지 어제보다도 더 알수 없었다.

집에 도착하기 무섭게 나는 방으로 들어가 틀어박혔다. 내가 원하는 건 단 하나, 오전에 있었던 일을 잊기 위해 몇 시간 동안 내리 잠을 자는 것. 덧창을 내리고 이불 속으로 들어갔다. 강아지 비슈가 옆으로 오더니 자리를 잡고 내 얼굴을 핥기 시작했다. 피곤했던 나머지 몇 초 만에 잠이 들었다.

잠에서 깼을 때는 이미 날이 어두워져 있었다. 나는 오후 내내 잠을 잤고, 그사이 아빠가 퇴근해 집에 돌아왔다. 아빠와 엄마가 거실에서 나누는 대화 소리가 들렸다. 무슨 이야기인지 뚜렷하게 들리지는 않았지만 내 이야기인 것 같았다. 나는 여전히 피곤했고 사기가 완전히 꺾여 있었다. 매일 아침 학교에 가기 위해 나 자신과 싸운 지 몇 년이 됐는데, 시간이 지날수록 나는 점점 더 학교에 갈 수 없게 되었다. 나는 물론 부모님, 언니, 동생 그리고 주변 모든 사람들이 지쳐 버리고 말았다. 여전히 나아질 기미는 보이지 않았고 오히려 그 반대였다.

무기력에서 벗어나려고 샤워를 했다. 따뜻한 물을 맞으며 만약 내가 학교에 다니지 않는다면 내 인생이 어떻게 될지 생각해 본다. 하루 종일 음악을 할 거라는 결론에 이른다. 음악만 하는 삶이라면 정말이지 행복할 것 같다. 음악을 듣고, 노래하고, 반주를 하고, 녹음하고. 콘서트를 하고, 곡을 쓰고, 그렇지, 못할 게 뭐람. 한 번도 해본 적은 없지만 해보고 싶다. 이런 공상에 흠뻑 젖어 잠시 학교를 잊은 채 흥얼거리며 옷을 갈아입었다. 그러고는 거실로 향했는데 부모님과의 격렬한 대화가 나를 기다리고 있었다.

거실에 들어섰을 때 부모님은 컴퓨터 앞 소파에 조용히 앉아 있었다. 두 분이 나를 올려다보았다. 평소에는 쾌활한 분들이라 당황스러웠다. 두 분 모두 마르세유에서 자랐기 때문에 두 분의 쾌활함을 이해하는 데는 그리 오랜 시간이 걸리지 않는다. 늘 호쾌한 목소리로, 생각하는 바를 주저 없이 표현하는 분들이다. 조심스러운 성격도 아닐뿐더러 소심함과도 거리가 멀었다. 하지만 그날 저녁 분위기는 달랐다. 화가 난 것처럼 보이지는 않았다. 엄마가 담배에 불을 붙이더니 말했다.

― 테싸, 단도직입적으로 말할게. 우리는 너무 걱정돼. 너를 어떻게 도와야 할지 모르겠어.

엄마는 쉬지 않고 단숨에 말하고는 담배를 한 모금 크게 빨아들였다. 아빠가 뒤이어 말했다.

― 우리는 네가 심적으로 편하지 않다는 걸 알고, 네가 나아지도록 돕지 못하다 보니 마음이 아팠단다. 그런데 누가 정신병원을 소개해 주더구나. 청소년 전문이라고

하네.

– 무섭게 들리겠지만 청소년이랑 청소년이 겪을 수 있는 문제를 전담하는 사람들이야. 너를 도와줄 수 있는 전문가들이지. 아빠가 병원을 운영하는 의사 연락처를 알아냈는데, 병원에서 바로 너를 한번 봐주겠다고 하더라. 흘레 세레나라는 병원인데 생트 마르그리트 쪽에 있대. 상담은 월요일 아침으로 잡았어.

학교에서 쥘리에트가 한 말이 떠올랐다. "너한테 도움이 될 거라고 생각해." 그때까지 한 번도 정신과 의사를 만난 적이 없었다. 중학생일 때 내게 '그저 불안' 때문이라고 했던 의사, 독서장애 때문에 만난 발음교정사가 있지만, 정신과 의사는 한 번도 본 적 없었다. 무엇이 나를 지금 이 상태에서 꺼내 줄지 짐작도 되지 않았지만 부모님의 제안을 거절하지 않았다. 부모님께 한번 가보고 싶다고 하고는 방으로 돌아왔다.

침대에 앉아 이어폰을 꼈다. 주말 동안 병원에 갈 마음의 준비를 할 수 있다. 이틀 동안 아무것도 하지 않고 아무도 만나지 않을 것이다.

월요일 아침 일찍 잠에서 깼다. 잠시 괜찮은 듯했지만 새로운 한 주가 시작된다는 사실을 의식하자 다시금 불안해졌다. 오늘은 학교에 가지 않는다는 걸 기억해 내기 전까지는. 하지만 그 대신 병원에 가야 한다. 이 모든 게 어딘지 모르게 극적으로 다가왔다.

한 시간 뒤 우리는 병원으로 향하고 있었다. 병원과 감옥 사이 어디쯤의 엄한 분위기의 회색 빛 건물을 상상했는데, 마르세유의 파란 하늘로 솟아 있는 두 개의 작은 탑이 있는, 마치 성처럼 보이는 알록달록한 건물로 다가가고 있었다. 춥고 건조한 날씨. 내가 좋아하는 날씨다. 두꺼운 코트 속으로 숨어 버리면 사람들의 시선을 피할 수 있는.

엄마와 나는 병원 대기실에 있었다. 우리가 있는 이곳은 동화 속이 아니라 분명 병원이다. 출입문 옆에 버젓이 '정신병원'이라고 쓰여 있었다. 오싹하다. 내가 앓고 있는 게 정신질환일까? 치료할 수 있는 건가? 화학제품 냄새가 사방에 진동하고, 사람들은 속삭이거나 잰걸음으로 다닌다. 검은색 인조 가죽 의자와 흰색 테이블. 단순한 디자인의 가구는 병원에 어울렸다. 접수대 주변 벽은 주황색으로 칠해져 있는데 분위기를 쾌활하게 만들려는 시도가 효과가 있는 것 같지는 않았다. 벽은 예방 포스터로 뒤덮여 있다. 거식증, 자살, 폭식증, 마약……. 시선을 떨구었다. 모든 단어가 공포스러웠다. 읽고 싶지 않았다. 학교를 떠올리는 폐쇄된 장소에 들어설 때마다 그러듯 심장박동이 빨라지고 있었다. 엄마가 이를 알아채고는 내 손을 잡았다. "괜찮아, 우리 딸." 엄마가 속삭였다. 아이들 그리고 청소년 몇몇이 의자에 앉아 있었다. 무엇때문에 여기에 왔을까. 우리 반 아이들과 별다를 게 없어 보였고 그래서 조금 안심이 되었다. 우리와 몇 칸 떨어져 앉아 있는, 가장 나이가 많아 보이는 여자애는 내 또래로 보였는데 헤드폰을 쓴 채 잡지를 뒤적이고 있었고, 조금 더 멀리 앉아 있는 10대 남자아이는 자신의 엄마와 이야기하고 있었다.

한 여자가 복도 모퉁이에서 나타나 우리 쪽으로 걸어왔다. 갈색 곱슬머리에, 키가 크고, 반짝이는 눈을 가진 40대 여성. 그녀가 우리에게 따뜻한 미소를 함빡 지어 보였다. 곧장 신뢰가 가는 사람이었다.

    – 안녕하세요, 테싸. 나는 에르난데즈라고 합니다. 심리치
      료사고 오늘 나와 이야기를 할 거예요. 일단 테싸가 왜
      여기 오게 됐는지 우리 둘이 먼저 이야기를 나누고, 그
      다음 어머니랑 다 같이 보도록 할게요. 두 분 다 괜찮으
      시죠?

그녀가 물었다.

엄마가 내 쪽을 보면서 내 대답을 기다렸다. 대신 대답하
고 싶지 않다는 눈치였다.

    – 네, 좋아요.

나는 매우 작은 목소리로 대답했다.

    – 그럼 좋아요, 절 따라오세요! 우리끼리 먼저 안면을 트
      고 포르 박사님을 소개할게요. 정신과 의사 선생님으로

이 병원을 이끌고 계세요.

나는 고개를 끄덕이고 선생님을 따라 햇빛에 물들어 있는
작은 방으로 들어갔다. 작은 책상과 의자 두 개뿐인 방이었
지만 묘하게 편안한 분위기가 느껴졌다. 선생님은 책상 뒤쪽
에, 나는 맞은편에 앉았다.

– 자, 그럼, 테싸, 짧게 내 소개부터 할게요. 그다음 본인
  에 대해 이야기할 수 있을 정도로 충분히 편해지면 내가
  한 것처럼 똑같이 자신을 소개해 주세요. 나는 5년 전부
  터 흘레 세레나 병원에서 심리치료사로 일하고 있어요.
  나는 테싸처럼 어려움을 겪는 청소년들을 돕는 일을 하
  죠. 그 어려움에는 여러 가지가 있을 수 있고요. 우리 병
  원에 대해 아는 게 있나요?
– 아니요.
– 흘레 세레나는 만 11세에서 18세 청소년을 전담하는 병
  원이에요. 정말 다양한 이유로 우리는 청소년기에 정신
  적인, 때로는 의학적인 도움이 필요해지기도 해요. 시

104

련, 슬럼프 아니면 특별한 어려움에 맞서기 위해서요. 우리 팀은 그 과정을 함께 하기 위해 있는 거예요. 아이들 대부분은 외래 진료로 오죠. 여기에서 밤을 보내지는 않아요. 하지만 입원하는 친구들도 있죠. 테싸가 만약 여기 오겠다고 동의하면 지극히 정상적인 삶은 옆에 잠시 두고 병원에는 낮에만 머물게 될 거예요. 나 같은 심리치료사와 상담을 하게 되는데, 그것 말고도 기분이 더 나아지도록 돕는, 자신감을 얻고 소통하는 방법을 배울 수 있는 다양한 프로그램에도 참여하게 될 거예요. 관심이 있다면 나중에 다시 이야기할 기회가 있을 거예요. 그럼, 이제 테싸가 자신을 소개하고 오늘 왜 여기에 왔는지 말해 보겠어요?

나는 아주 작은 소리로 말했다. 선생님 눈을 차마 쳐다볼 수 없었다. 내가 불안발작을 겪고 있고 학교에 갈 수 없다는 것, 그리고 비관적인 생각들이 떠오른다고 말했다. 선생님은 성적, 학교 선생님과 친구들, 부모님에 관해 질문했다. 가족을 제외하고 나의 말을 이처럼 진지하게 받아들이는 사람은 처음이었다. 주눅이 들기는 했지만 내가 관심과 존중을 받을 자격이 있는 사람처럼 느껴졌다.

주로 내 얘기로 채워진 20여 분의 대화가 마무리되자 선생님은 엄마와 계속해서 이야기를 나누어도 괜찮은지 물었다. 엄마가 들어와 내 옆에 앉았다. 선생님은 엄마의 관점에서 상황을 묘사해 달라고 했고, 왜 긴급 상황이라고 생각하는지 물었다. 엄마가 울기 시작하더니 쉼 없이 눈물을 쏟았다.

> ─ 9월부터 상황이 계속 나빠졌어요. 테싸가 학교에 가기를 거부하고, 더 이상 못하겠다고 해요. 아이 아빠와 전 정말 어찌해야 할지 모르겠더라고요. 학교 선생님들은 이런 일을 겪어 본 적이 없다고 하고, 우리가 시도하려는 것 중 어떤 것도 테싸한테는 효과가 없는 게 훤히 보였어요. 도대체 뭘 어떻게 해야 할지 모르겠어요.

엄마가 잠시 말을 멈췄다. 속에 있던 걸 모두 쏟아 내 홀가분해진 듯 보였다. 선생님이 고개를 끄덕이더니 잠시만 기다려 달라고 했다. 에르난데즈 선생님이 병원을 운영한다는 정신과 선생님과 먼저 이야기를 나눈 다음, 넷이 다시 모여 치료를 진행할지 여부를 결정할 것이었다.

에르난데즈 선생님이 나가자 방에는 엄마와 나 둘만 남겨졌다. 우리는 아무 말 없이 나란히 앉아 있었다. 나는 몇 달 동안 나 자신과 싸우느라 지친 상태였다. 여기에서 모든 걸 끝내야 한다. 초췌한 엄마 얼굴에 안도감이 스쳐 지나갔다. 부모님이 드디어 나의 문제를 다룰 수 있는 사람을 만난 것이다. 우리의 이야기를 들어 주고 진지하게 생각해 줄 사람들을.

20여 분 뒤 에르난데즈 선생님이 돌아왔다. 우리는 특징이라 할 게 없는 복도를 빠르게 통과했다. 미로가 따로 없었다. 어쩌다 다른 아이들과 마주쳤지만 못 본 척했다. 그들이 어떤 이야기를 가지고 있는지, 어떻게 이곳까지 오게 됐는지 궁금했다. 모두 학교에 있어야 하는 시간이었다. 정신과 포르 박사님 진료실 앞에 다다랐다. 에르난데즈 선생님이 노크를 하고 문을 열었다. 내가 들어가자 선생님은 따뜻한 미소를 지으며 용기를 북돋우려는 듯 내게 윙크했다. 박사님이 소파에서 일어나 밝은 얼굴로 다가왔다.

– 안녕, 테싸. 어머니 안녕하세요. 흘레 세레나에 온 걸 환
영합니다!

포르 박사님의 눈빛에서 솔직함과 상냥함이 느껴졌다. 알
록달록한 운동화를 신은 박사님은 잘난 체하는 기색이 없었
다. 학교 행정 직원들과는 달랐다. 우리는 자리에 앉았고, 박
사님이 내게 질문을 하기 시작했다. 어떤 식으로 불안을 겪
었는지, 증상은 어땠는지, 발작이 왔을 때는 어떻게 대처했
는지. 나는 중학교 시절 동종요법 약을 먹었지만 고등학생이
되고는 효과가 없었다는 것과 발작의 빈도수, 학교에 갈 수
없었던 상황에 대해 이야기했다. 이야기가 끝나자 잠시 침묵
이 흘렀다. 박사님이 입을 열었다.

– 잠깐 멈출게요. 이만하면 됐습니다. 테싸가 몇 년 전부
터 지금까지 겪어 온 고통은 일반적인 불안발작과 우울
증상 때문이에요. 에르난데즈 선생님 말씀을 들어 보니

테싸가 학교 공포증을 키우고 있었다는 생각이 들더군요. 우리를 만나러 온 건 정말 잘한 겁니다. 다행히도 이곳에서 치료할 수 있거든요. 청소년기에는 고통 받았지만 이제는 건강한 어른이 된 사람들이 많습니다. 3주 동안 테싸를 학교에서 떼어 내 테사의 체력을 회복시키는 것부터 시작할 겁니다. 그리고 테싸가 어려운 시기를 극복할 수 있도록 돕는 치료에 들어갑니다. 항우울제를 먹으면 기분이 조금 나아지지만 안정화되기까지 몇 주 정도 걸릴 거예요. 그래서 그동안 잠시 진정제를 처방합니다. 발작을 이겨 내는 데 도움이 되지요. 약 복용은 하나의 방법일 뿐입니다. 그래서 에르난데즈 선생님과의 상담을 동시에 진행하면서 적어도 일주일에 한 번 병원 프로그램에 참여하는 것으로 시작했으면 합니다. 학교 보충 수업부터 도자기 만들기, 요리, 호흡, 에퀴테라피(말馬을 매개로 마음을 다스리는 치료법)까지, 여기서 뭐든 할 수 있어요. 여러 가지 시도를 하다 보면 어떤 게 도움이 되는지 알 수 있을 겁니다.

더불어 박사님은 내가 잠 못 자고 생각에 잠기지 않도록 수면에 도움이 되는 약도 처방해 주었다. 그리고 나의 상태와 그동안 내가 겪은 시련에 처음으로 이름을 붙여 주었다.

— 테싸, 혹시 궁금한 게 있나요?

박사님이 물었다.

— 네. 학교 공포증이라고 하셨는데, 그게 정확히 뭔가요?
— '등교 거부증'이라고도 해요. 아이들이 억지로 학교에 가려 할 때 신체가 등교를 거부하고 매우 심각한 형태의 불안 증세가 나타나는 걸 말하죠. 학교에 대해 단순히 두려움을 갖는 게 아닌 공포를 느낍니다. 신체가 피할 수 없는 저항 불가능한 두려움이 지속되는 거죠. 나을 수 있지만 시간이 걸려요. 우선 자신감을 되찾고, 공포를 일으키는 요소를 파악하고, 조금씩 학교에 다시 나가야 해요. 다른 사람들처럼 학교에 갈 수 없는 만큼 병원에 있는 학교에서 일주일에 여러 번 수업을 들을 수

"

선생님은 몸도 말을 하고,
몸의 이야기를 듣는 법을
배워야 한다고 했다.
이럴 수가!
내 몸은 말을 하는 대신
소리를 지르지.
나는 몸의 언어를 배울 날을 기다리며
3주의 휴식기를 가지기로 했다.

"

있는데, 그 학교의 기능은 다음에 오면 설명하지요. 하지만 우리 모두의 목표는 테싸가 나을 때까지 여러 조정 과정을 거친 다음, 다시 학교로 돌아갈 수 있게 돕는 거예요.

나는 고개를 끄덕였다. 그 무엇보다 내가 바라는 것이 학교에 다시 돌아가지 않는 거라는 말을 삼킨 채. 엄마 쪽을 보았다. 나와는 정반대의 생각을 하고 있을 터였다. 엄마는 내가 또래 아이들처럼 '정상적인' 삶을 살기를 원했다. 3주간 학교에 나가지 않고 병원의 도움을 받은 뒤 내가 다시 조용히 등굣길을 걸어갈 수 있기를 바랐다. 나는 월요일에 상담 선생님을 만나고 목요일에는 프로그램에 참여하기로 했다. 너무 지친 나머지 나는 이해하려는 노력을 거둔 채 어른들이 알아서 결정하도록 두었다.

심리상담 선생님과 함께 병원을 한 바퀴 돌면서 내가 병원에 있는 낮 동안 가까이 지내게 될 치료팀과 관리자, 간호사를 소개 받았다. 내 문제를 드디어 알게 돼 마음이 놓였다. 이제는 인터넷 검색을 하지 않아도 되고, 내 증상에 최악의 진단을 내리거나, 더 나아가 새로운 증상을 만들지 않아도 된다. 심리상담 선생님은 우리의 뇌가 질병을 만들어 낼 수 있다고 설명하면서 내가 나의 몸과 어떤 관계를 맺고 있는지도 물었다. 나는 선생님에게 털어놓았다. 내 몸에 대한 통제를 잃은 기분이고, 그 안에 조종사가 있는지 더는 확신할 수 없다고. 선생님은 몸도 말을 하고, 몸의 이야기를 듣는 법을 배워야 한다고 했다. 이럴 수가! 내 몸은 말을 하는 대신 소리를 지르지. 나는 몸의 언어를 배울 날을 기다리며 3주의 휴식기를 가지기로 했다.

7

포르 박사님이 나를 몇 주간 수업에 보내지 않기로 결정한 뒤로 마음이 편해졌다. 병원에서는 내가 하고자 하는 말에 모두 귀 기울였고, 나를 거짓말쟁이로 여기지 않고 진심으로 대했다. 중2 때 주치의 선생님이 했던 말을 곱씹어 본다. "그저 스트레스일 뿐이죠." 그렇지 않다. 스트레스보다 훨씬 심각한, 수년에 걸쳐 내게 축적된 불안과 고통이 그 원인이었다. 그 불안과 고통을 견디려 애쓰는 와중에 나의 에너지, 기쁨, 욕구는 소진되고 말았다. 내가 법적으로 아직 성인이 아니라는 이유로 별일이 아닌 게 되거나 같은 문제를 겪는 어른과 동등하게 여겨질 수 없는 건 아니다.

3주 동안 나와 싸울 필요가 사라지자 기력이 돌아오기 시작했다. 언니와 동생은 학교에 갔고, 나는 누구의 방해도 없이 집에서 강아지들과 놀고, 음악을 듣고, 노래를 불렀다. 계속해서 곡을 커버하면서 내가 좋아하는 곡의 코드를 키보드나 기타로 카피하는 연습을 했다. 나는 역사나 수학 시간에는 10분 이상 집중하지 못하지만 연주를 할 때면 시간의 흐름을 인지하지 못하고 몇 시간을 홀쩍 흘러보낸다. 하루 종일 음악만 하고 싶다는 생각이 점점 더 뚜렷해졌다. 다른 뮤지션과 함께 노래하는 것보다 기쁜 일은 없기에 유일하게 아쉬운 점이라면 음악 동아리에 갈 수 없다는 것이었다.

상태가 나아지면서 내 주변 그리고 우리 집을 살펴볼 수 있게 되었다. 언니와 동생이 집에 있을 때는 함께 음악을 듣거나 유튜브를 봤다. 몇 달 전부터 나는 언니와 거리감을 느끼고 있었다. 언니는 말하지 않았지만 나의 상황이 언니에게 영향을 미친 것 같았다.

상담을 시작하고 에르난데즈 선생님에게 언니 이야기를 했다. 처음에는 털어놓을 수가 없었다. 전혀 모르는 사람에게 나의 가장 내밀한 생각을 말하기가 껄끄러웠다. 선생님은 내게서 이야기를 끌어내려 했으며, 내가 간혹 어떤 주제에 대해 내가 입을 다물기는 했지만, 나는 상담이 거듭될수록 조금씩 마음이 편해졌다. 내키는 부분은 이야기하고 나머지는 담아 두었다. 나를 드러내고 관심을 받는다는 건 쉽지 않은 일이다. 조용히 있는 게 편하다. 나는 여럿이 있을 때 입도 뻥긋하지 않는 축에 속한다.

  ─ 테싸, 너의 사회적 관계에 대해서 좀 이야기해 줄 수 있
    겠니? 친한 친구들이 있니? 학교나 학교 밖에서 네가 신
    뢰하고, 같이 시간 보내기를 좋아하는 또래 친구가 있을
    까?

마음이 불편해진 나는 의자 위에서 몸을 비비 꼬았다. 진정한 친구가 있었던 적이 단 한 번도 없었던 듯했고, 그 사실이 창피했다. 잠시 내 손을 바라보다 선생님과 눈이 마주쳤다. 선생님은 내게 용기를 주려고 미소를 지어 보였다.

– 사실 진짜 친구가 있었는지 모르겠어요. 혼자 있고 싶
  지는 않아서 같이 다니는 친구들이 있기는 해요. 하지만
  제가 온전히 믿는 사람은 없는 것 같아요. 누구에게 마
  음을 주고 나면 이내 실망하게 되곤 했으니까요.

– 실망했다는 건 무슨 뜻이지? 왜 실망했는지 설명해 줄
  수 있겠니?

– 저는 너무 다르고, 너무 이상해서 항상 문제가 생겨요.
  중학교 때 저는 거의 항상 친구들의 놀림감이었어요. 놀
  림당하고, 욕먹고, 그렇게 악의적이진 않았지만 애들은
  저를 늘 깎아내렸어요. 가끔은 저를 때리기도 했는데,
  제가 바닥에 넘어졌다가 대꾸 없이 일어나는 걸 보면 모
  두가 재밌어 했거든요.

이야기를 한참 듣던 선생님이 말했다.

– 테싸, 그 누구도 중학교 때 너한테 한 것처럼 남을 대할
  자격은 없단다. 반복적인 지적, 욕설, 구타, 비방, 이 모
  든 게 괴롭힘이야. 심각한 일이고, 법으로 처벌을 받지.

– 음, 저는 제가 정말로 괴롭힘을 당했다고는 생각하지 않아요. 거부당하고, 놀림 받기는 했지만 이걸 괴롭힘이라고 부를 수는 없는 것 같아요. 그냥 장난이고, 체육 시간에 벌어진 일이었어요.

선생님은 굽히지 않았고, 내가 무력하다고 느끼는 게 당연했다며 매우 흔한 일이라고 말했다.

– 실제로 괴롭힘은 흔히들 생각하는 것처럼 공격의 정도가 아닌, 공격의 규칙성, 반복성으로 판단한단다. 괴롭힘은 신체와 정신에 지속적으로 스트레스를 가하고, 빠져나갈 구멍이 없다는 생각을 하게 만들지. 이 괴롭힘 때문에 네 뇌가 학교와 위험 사이에 연결 고리를 만든 것 같구나.

선생님은 수년간 이어진 나의 신체 증상이 내가 미쳐 간다는 신호가 아니라고 덧붙였다. 오히려 그 반대라고, 나를 구하려는 삶의 충동이자 목숨을 구하기 위해 도망가라는 명령을 내리는 내 안의 동물적 본능이라고 했다.

포르 박사님, 부모님과도 여러 차례 면담을 하며 나의 전반적인 치료와 학교와의 일정 조율에 대해 의논했다. 나는 학교의 운영 방법, 나의 속을 뒤틀리게 만드는 매주 목요일의 시험, 그리고 시험을 치르지 않으면 음악 동아리 참여를 금지하겠다는 학교의 방침에 대해 말했다. 내가 막 졸도하려던 순간 생활지도 부장 선생님이 내게 "넌 나중에 어떻게 하려고 그러니?"라는 말을 던지고는, 내가 혼자 양호실에서 기다리는 동안 수업이 모두 끝났다는 사실을 알려 주지 않은 일에 대해 이야기했다.

포르 박사님의 생각은 매우 분명했다. 내게 수업 참여를 강요하고, 수업을 듣지 않는다는 이유로 처벌을 내린다면 나는 절대 나아지지 못할 거라는. 박사님은 몇 가지 수업을 흘레 세레나 병원에서 들을 것을 제안했다. 병원에서는 여러 선생님이 수업을 진행하고 있는데, 덕분에 학생들은 잠시 숨을 돌리면서 아무런 걱정 없이 지식을 쌓고 수업과 새로운 관계를 형성할 수 있었다. 나는 병원에서 수료증을 발급받고, 학교에서 몇몇 수업을 계속 들을 예정이었다. 특히 박사

119

66

노래가 끝나자 모두가 일어나
오랫동안 우리에게 박수를 보냈다.
무대를 떠나고 싶지 않았고,
몇 시간이고 무대에
설 수 있을 것 같았다.

99

님은 학교가 내 동아리 활동을 막아서는 안 된다고 했는데, 내가 학교에서 의무적으로 해야 하는 것들 중 음악 동아리를 유일하게 긍정적으로 생각했기 때문이다. 내가 학교와의 끈을 놓지 않고 언젠가 다시 학교로 돌아가게 된다면 그건 음악 동아리 덕분일 것이었다. 학교에 머무는 것이 고문처럼 느껴질 때 내게 남아 있으라고 강요하지 않는 것이 중요했다. 따라서 병원은 교장 선생님에게 내 상태가 좋지 않을 때는 어떠한 논의 없이 곧장 하교하도록 해야 한다고 확실히 할 계획이었다.

약물 치료를 시작했지만 아직은 효과가 있는 것 같지 않았다. 그저 마약을 한 것 같았다. 비몽사몽 상태로 꿈과 현실 사이 어딘가에 있는 것처럼 나는 느릿느릿해졌다. 수업을 다시 들을 날이 다가왔지만 돌아가고 싶지 않았다. 병원 팀과 면담한 뒤, 엄마는 생활지도 부장 선생님에게 수차례 전화를 했지만 연락이 닿지 않았다. 포르 박사님이 제안한 조정된 시간표는 학교의 공식적인 승인을 받지 못한 셈이었다. 나는 치료를 받기 전과 같은 상황으로 돌아가고 싶지 않았다.

학교에 돌아간 첫 날, 모든 게 꽤 순조로웠다. 반 친구들은 내게 무슨 일이 있었는지 물었고, 나는 그저 아팠다고 답했다. 아무도 믿지 않았지만 상관없었다. 그냥 나를 가만히 내버려 뒀으면 했다. 선생님들은 평소와 같았다. 나쁘지도 않았지만 정신없어 보였고, 조금은 무관심했다. 개학하고 나서는 수업을 거의 듣지 않아 선생님들을 잘 알지 못했고 가까워지지 못했다. 나는 그러한 상황을 감내하며 음악 동아리에 참여하기 위해 늦게까지 학교에 남았다. 학교를 쉬는 3주 동안 언니와 아틀리에 친구가 노래할 파라모어의 「Still into you」코러스를 연습했다. 동아리 선생님과 친구들만이 다시 만나 진심으로 반가운 사람들이었다. 그들과 다시 음악을 할 수 있다니 기쁨이 차올랐다.

집에 돌아오니 엄마는 수정된 시간표에 대해 학교로부터 연락을 받지 못했다고 했다. 엄마는 낙심했다. 병원의 진단과 치료가 학교 행정 부서와의 논의를 원활하게 만들어 주리라 믿었건만 전혀 그렇지 않았다.

다음 날 아침, 나는 또다시 수업을 들으러 갈 수 없는 상태가 되었다. 전날은 모든 게 평탄했지만 음악 동아리 모임 날이었고, 오늘은 즐거울 만한 일이 없었다. 그저 종일 수업이 이어질 뿐이었다. 학교 갈 준비를 시작하자마자 구토가 일었고, 집에서 나갈 수 없는 상태라는 걸 깨달았다. 결국 나는 하루 종일 집에 머물며 컴퓨터 앞에서 시간을 보냈다. 그날 저녁, 부모님은 병원의 권고에 따라 학교 행정실에서 내 시간표를 조정해 주지 않는다면 나를 학교에 보내지 않기로 결심했다.

그다음 날은 흘레 세레나에서 하루를 보냈다. 병원에서 집으로 택시를 보냈다. 낯선 사람과 함께 차에 타는 걸 좋아하지 않는데 그날은 운전기사도 평소와 다른 사람이었다. 심지어 승객이 나 혼자가 아니었다. 가는 길에 다른 어른 환자들도 태웠다. 흘레 세레나는 아이들만을 돌보는 곳이기 때문에 정상적인 일은 아니었다. 매우 마르고 머리카락이 없는 여자 한 명과 남자 한 명이 탔다. 운전기사는 그들을 흘레 세레나 병원 맞은편에 있는 암 센터 앞에 내려 주었다. 내가 내릴 때가 될 때까지 나는 떨고 있었다. 핼쑥한 얼굴과 야윈 몸의 낯선 이들과 함께 있던 상황에 불안해진 것이다. 이동하는 내내 나는 공포와 싸워야 했다.

그날 이후 나는 택시 타기를 거부했다. 같은 기사 아저씨를 만날까 봐 너무나 두려웠다. 병원에서는 다시는 그런 일이 없도록 하겠다고 약속했다. 규정상 미성년자와 성인이 한 공간에 있어서는 안 되기에 그런 일이 절대로 있어서는 안 됐다고 했지만, 아무 말도 하지 못한 채 궁지에 몰린 상황에 다시 놓이고 싶지 않았다. 결국 엄마가 나를 데려다줘야 했다. 엄마는 주차장에서 몇 시간 동안 나를 기다리기도 했다. 나를 기다리는 엄마를 볼 때면 정상적으로 살지 못한다는 생각에 죄책감을 느꼈다. 비관적인 생각이 다시 밀려들기 시작한 어느 날 밤, 더 이상 깨어나지 않기를 바라며 평소의 세 배에 달하는 약을 복용했다. 밤중에 속이 강하게 타들어 가는 느낌이 들었지만, 다음 날 아침 나는 여전히 그 자리에 있었다. 이후 며칠간 나는 굼떠지더니 사람들이 내게 하는 말을 이해하지 못했다. 말하는 데 애를 먹었으나 일주일이 지나자 다시 원래대로 돌아왔다. 나는 상담 선생님에게 이 사실을 숨겼다. 피가 날 때까지 바늘로 나를 찔렀다는 이야기를 하지 못한 것처럼 차마 말하지 못했다. 아직 말할 준비가 되지 않았다. 그 누구에게도 말을 꺼낸 적이 없었고, 그런 일은 일어난 적이 없다고 나 자신을 세뇌시키려고 했다.

학교 비서실에 수십 번 전화를 한 끝에 엄마는 드디어 교장 선생님과 약속을 잡을 수 있었다. 그동안 비서가 바뀌지 않았더라면 엄마는 학교와 연락이 닿지 않았을 것이다. 자초지종을 들은 새 비서가 나의 상황을 알고는 마음을 움직였다. 면담에는 교장 선생님, 생활지도 부장 선생님과 엄마, 병원의 수업 보조 선생님이 참석했다(보조 선생님만이 나의 의료 기록을 열람할 수 있었다). 나는 면담에 참석하지 않았다. 차라리 잘된 일이다. 나 없이 나의 미래가 결정되는 게 나았고, 특히 생활지도 부장 선생님과 같은 공간에 있고 싶지 않았다.

나는 집에서 얼른 엄마가 돌아오기를 기다렸다. 배가 아팠다. 나에 대해 어떤 이야기가 나올까. 긍정적인 얘기가 오가지는 않았을 것이다. 문제는 그들이 아니라 나라고 말하던 사람들이 아닌가. 나는 학교 운영에 방해가 되는 사소하고 하찮은 존재였을 뿐이다.

피곤한 얼굴에 부은 눈으로 돌아온 엄마를 보고도 놀라지 않았다. 눈물을 쏟은 얼굴이었다. 이제껏 없었던 일이다. 엄마가 평정심을 잃는 일은 매우 드물었고, 엄마는 늘 논쟁에서 이기는 편이었지만 그날은 아니었다. 엄마는 너무 큰 충격을 받았던 탓에 학교 면담에 대해 이야기할 여력이 없었다. 나는 엄마를 가만히 내버려 두었다.

저녁을 먹고 아빠를 포함한 우리 셋이 식탁에 모여 앉았다. 엄마가 말했다. 교장 선생님이 내가 더 이상 학교에 오지 않는다고 비난했으며, 시간표에 관련된 우리의 요청 사항에 대해 전혀 아는 바가 없다는 주장을 했다고. 시간표 조정을 고려해 보겠다고는 했지만 이미 우리는 몇 주 전부터 기다려 온 상황이었음에도 정확한 날짜를 명시하지는 않았다고. 또 교장 선생님은 내가 문제가 있는 학생이며, 이 상황이 그들에게도 간단하지는 않다고 말했단다. 바로 그 대목에서 엄마는 무너져 내렸다. 분에 못 이겨 낙심한 나머지 엄마는 울기 시작했다. 엄마 역시 이야기를 나눌 상대가 필요했던 건지도 모른다. 엄마는 면담을 하고 나서 내가 몇 달 전부터 해온 이야기를 이해하기 시작했다. 나는 학교 조직을 어지럽히는 존재였고, 학교 입장에서는 내가 떠나는 것이 그들이 책임에서 벗어나는 가장 간단한 방법이었다. 학교는 별난 학생을 원하지 않았다. 그들은 내가 다른 선택지를 고려하지 못하도록 모든 조치를 취했고, 목표를 이뤘다. 그날 나는 다시는 학교에 발을 들이지 않겠다고 굳게 다짐했다. 고1 과정은 병원 수업으로 마무리하고, CNED(원격으로 교과 과정 수업을 제공하는 프랑스의 독립 교육 기관−옮긴이)에 등록해 원격으로 수업을 듣고 싶었다.

돌아오는 주에 포르 박사님과 학교에서의 면담에 관해 논의를 하기로 했다. 학교 면담에 오셨던 보조 선생님도 있었다. 선생님은 기다렸다는 듯 말했다. 학교 관리자들이 믿기 어려울 만큼 잘못된 신념을 가지고 있다고. 학교에 더는 기대할 것이 없다고도 했다. 엄마가 머뭇거리다가 입을 열었다.

 ─ 교장 선생님이 테싸의 인스타그램 계정에 대해 들었다
  고 하더라고요. 테싸가 노래를 올리는 계정이에요.

교장 선생님은 내가 계정에 주기적으로 올린 커버 곡들을

발견했다. 엄마가 나를 쳐다봤다. 내 반응이 두려워 아무 말도 하지 않았던 것이다. 만약 교장 선생님이 해당 계정에 대해 들었다면 그건 나를 아는 아이들을 통해 알게 된 것이 분명하다. 하지만 아무래도 상관없다. 나는 다시 학교로 돌아가지 않을 것이고, 이제는 그리 중요한 문제도 아니다.

— 테싸가 주변에 안 좋은 영향을 주는 것처럼 말씀하시더군요. 문제는 테싸지 학교가 아니고, 대부분의 학생들은 매우 만족해하는 게 그 증거라고요. 테싸가 전에 없던 유행을 만들고 선례를 남길까 봐 두려워하는 것 같았어요. 테싸가 분명한 이유로 수업에 빠지는 걸, 그게 공포증이라는 걸 이해하지 못하기 때문이겠죠. 교장 선생님과 생활지도 부장 선생님은 테싸가 수업 시간에 10분 이상 앉아 있지도 못하는데 무대에 설 수 있다는 사실이 매우 놀랍다고 했어요. 둘 중 한 명이 이렇게 말하더군요. "웃긴 얘기지만 테싸가 노래하는 걸 보면 아무 문제도 없는 아이처럼 보입니다. 그렇게 생각하지 않으시나요?"라고요.

포르 박사님은 학교 측과 조정에 이르지 못한 데 대해 안타까워했다. 박사님은 이번 갈등이 나를 한층 더 연약하게 만들었고, 그렇기 때문에 내가 더욱더 회복에 집중해야 한다고 했다.

몇 주 뒤면 학년이 끝나고, 곧 음악 아틀리에의 학기 말 공연이 열린다. 몇 시간 동안 준비했지만 내가 더 이상 학교에 다니지 않기 때문에 참여할 수 없는 바로 그 공연이다. 언니와 신디 로퍼의 「Girl just wanna have fun」을 부르기로 되어 있었다. 나에게, 그리고 우리 둘 모두에게 의미 있는 노래였다. 우리가 어렸을 때 엄마가 듣곤 하던 이 노래를 좋아했다. 결국 언니 혼자 노래를 부르게 되었지만 공연 관람까지 금지하는 규정은 없었으므로 나는 가서 꼭 응원하겠다고 언니와 약속했다.

공연 날이 되자 선생님들 혹은 최악의 경우 교장 선생님과 마주칠까 봐 불안했다. 다시금 불안감이 스멀스멀 올라오고 있었고, 아무것도 삼킬 수가 없었다. 학교로 가는 길을 다시 밟고 싶지 않았다. 정문을 지나가고 싶지 않았다. 숨이 막힐까 봐, 사람들 앞에서 졸도할까 봐 두려웠다. 하지만 언니를 혼자 두고 싶지 않았기에 나는 견뎌 내기로 했다.

공연장에 도착하자 수많은 인파와 큰 대화 소리에 방향을 잃어 순간적으로 질식할 것만 같았다. 접이식 의자에 연단이 있는 진짜 공연장이었다. 공연장이 사람들로 가득 찼다. 전교생과 학부모 모두가 함께 대이동을 하기로 했나 싶을 정도였다. 공연장을 눈으로 훑다가 기타를 치는 수학 선생님과 눈이 마주쳤다. 선생님이 내게 윙크를 했다. 나도 미소로 화답했다. 든든한 내 편이 있는 안전지대에 들어온 것이다. 조명이 꺼지고 공연이 시작됐다. 원래대로라면 다른 사람들과 함께 무대에 서야 했지만 나는 부모님 옆인 관객석에 있었다. 인상적인 공연이었다. 내가 마지막으로 참석한 연습 일 이후로 모두의 실력이 놀라울 정도로 나아졌다. 속으로는 부러웠다. 내가 가치 있는 사람이라 여겨지는 유일한 공간, 그 자리에 나도 서고 싶었는데.

언니 차례가 오자 마음이 찌르르 아려 왔다. 마지막 순서였다. 아름답고 단단해 보이는 언니가 자랑스러웠다. 풀어 내린 긴 머리는 어깨 위에 걸쳐져 있고, 조명을 받은 의상이 반짝였다. 마이크를 잡은 언니가 무대 앞쪽으로 걸어 나왔다. 언니 뒤에는 기타리스트, 드러머, 키보디스트가 있었다. 연주를 시작해야 할 타이밍인데 누구 하나 움직이지 않았다. 무슨 일이 벌어지는 중이었다. 언니는 노래를 시작하는 대신 말했다.

  — 음, 안녕하세요, 이렇게 많이 와주서서 감사합니다. 저는 빅토리아입니다. 사실 오늘 여동생 테싸와 함께 노래할 예정이었습니다. 하지만 테싸는 몸이 좋지 않은 데다, 더 이상 학교에 오지 못한다는 이유로 무대에 오를 수 없게 되었습니다. 이건 부당한 처사로 저는 테싸가 저와 함께 무대에 서기를 바랍니다. 테싸가 제 옆에 서기 전까지는 노래하지 않겠습니다.

공연장 안 모두가 소리를 지르며 내 이름을 외치기 시작했다. "테싸, 테싸, 테싸!" 같은 반 아이들이 내 쪽으로 고개를 돌렸다.

눈물이 차오르고 심장이 너무 빠르게 뛰어 사람들 앞에서 심장마비가 오고 말 거라는 생각까지 들었다. 하지만 언니의 눈빛이 내게 용기를 주었고, 나는 자리에서 일어나 무대 위 언니 옆에 설 수 있었다. 생활지도 부장 선생님과 교장 선생님 쪽을 보았지만 그들은 내 시선을 피하는 듯했다. 더 이상 나와 말을 섞지 않던 카미유 역시 편치 않은 얼굴이었다. 이상하게도 내가 있어야 할 곳에 있는 것 같았다. 그 어떤 것도 나를 멈추게 하지는 못할 터였다.

하지만 연주가 시작되자 모든 게 엉망진창이 돼버렸다. 같이 연습한 게 한참 전의 일이라 나는 시작할 타이밍을 놓쳤고 박자를 따라가지 못했다. 언니와 나는 웃음이 터지기 일보 직전이었다. 이번만큼은 부끄럽지 않았다. 우리는 다른 사람들을 신경 쓰지 않았다. 이 세상에 우리뿐인 것 같았고, 이렇게 기분이 좋았던 것도 오랜만이었다. 노래가 끝나자 모두가 일어나 오랫동안 우리에게 박수를 보냈다. 무대를 떠나고 싶지 않았고, 몇 시간이고 무대에 설 수 있을 것 같았다. 머릿속에는 이 생각뿐이었다. '빨리 무대로 돌아가, 테싸, 가능한 한 빨리!'

8

학교에 나가지 않은 이래 음악은 언제 어디에서나 나와 함께였다. 하루 종일 다양한 장르의 음악을 들었다.

중학교를 졸업하던 무렵에는 미국의 록그룹 트웬티 원 파일럿츠에 빠져 있었다. 말 그대로 그들의 모든 노래를 무한 반복해서 들었고, 멤버들과 가사의 의미에 대해 몇 시간이고 검색하기도 했다. 청각 장애인이 가사를 이해할 수 있도록 인터넷으로 기본적인 수화도 익혔다. 인스타그램 계정에 그들의 모든 곡을 커버해 올리기로 마음먹었다. 흘레 세레나에 있을 때를 제외하고는 방에만 있기도 했고, 학교에 가지 않았으니 완벽하지는 않지만 내가 원하는 거의 모든 곡의 코드를 딸 수 있었다. 어느 정도 갖춰지는 모양새였다. 나는 종일 쉬지 않고 노래를 불렀다. 그러고 나면 기분이 한결 좋아졌다. 노래를 하는 데는 어떠한 노력도 들지 않는다. 내가 나에게 어떤 질문도 던지지 않는 순간이고, 모든 게 자연스럽게 흘러간다.

학기 말 공연은 엉망이었지만 내가 사는 이유를 되새겨 준 사건이었다. 에너지와 감정을 관객에게 전달하기 위해서, 대부분의 시간 동안 내가 묻어 둔 것을 표출하기 위해서, 어릴 적부터 나는 가수가 되기를 꿈꿨다. 무대를 장악하고, 의상을 입고, 화장을 하고, 동선을 짜는 게 좋았다. 하지만 결국에는 단념했고, 자라면서 접고 마는 어릴 적 꿈으로 치부했다. 최근 몇 달간 살고자 하는 욕망을 잃지 않기 위해서, 내 방에서, 우리 집에서, 우리 동네에서 벗어나기 위해 너무나 큰 투쟁을 벌이느라 내 꿈에 대해 생각할 여유가 없었다. 하지만 흘레 세레나에서 치료를 받기 시작하면서 그 누구도 내게 학교에 가라고 강요하지 않은 덕분에 나는 안개 속에서 빠져나와 나의 꿈을 다시금 곱씹어 보게 되었다.

그 해 8월, 나는 만 열여섯이 되었다. 2년 뒤면 성인이 된다. 아직 어른이라고 할 수는 없었지만 지난해를 기점으로 아이의 세계를 완전히 벗어났다. 내가 앞으로 하고 싶은 일이 무엇인지 알만큼 충분히 많은 시련을 겪었다. 그 업계에서 한 자리 차지하는 게 어렵다는 걸 안다. 더는 꾸물거릴 시간이 없었다. 아직 배울 게 산더미인 데다 실력도 증명해 보여야 하지만 키보드 앞에서 노래를 할 때면 언젠가 올랭피아[1]를 꽉 채울 수 있으리라는 확신이 들었다.

고등학교 2학년, 새 학년이 되자 다 나은 기분이었다. 복용하는 약과 더불어 매주 흘레 세레나에서 진행하는 상담 선생님과의 면담, 아틀리에 덕분에 우울증과 맞서면서 에너지와 살아가는 기쁨을 되찾고 있었다. 곧바로 깨닫지는 못했

---

1 1893년 문을 연 파리에서 가장 오래된 공연장으로, 에디트 피아프, 조니 할리데이 등 이름난 프랑스 뮤지션을 비롯해 레이디 가가와 같은 해외 유명 뮤지션들이 그 무대에 올랐다.

다. 이러한 변화는 몇 년 전 불안이 내 안에 자리 잡았던 것처럼 서서히, 그리고 조심스럽게 나타났다. 다시 집 밖으로 나가 산책을 하고, 차를 타고, 바다에 갈 수 있게 되었다. 공황은 언제라도 찾아올 수 있지만 크게 신경 쓰지 않았다. 마치 지평선이 넓어지고 흑백 풍경에 색깔이 입혀지는 듯했다.

9월, 나는 정상적인 삶을 되찾고 싶었다. 그렇게 할 수 있을 것 같았다. 더구나 가수가 되고 싶다는 확신이 드는 지금이야말로 음악 동아리 활동을 다시 시작해 음악 작업에 보다 집중할 시점이었다. 부모님과 의사 선생님의 동의하에 다시 학교에 다녀 보기로 했다. 학교로 돌아갔던 날을 기억한다. 활기차게 일어났고 새로운 삶이 시작되려 하고 있었다. 동네를 벗어나 학교로 이어지는 길을 가벼운 발걸음으로 걸었다. 하지만 정문 앞에 도착하자마자 학생들을 맞고 있는 생활지도 부장 선생님을 발견했고, 좋았던 기분은 한순간에 와르르 무너졌다. 몸의 기억을 과소평가했던 것이다. 이전보다 나아졌고, 다른 사람들 시선이 더는 두렵지 않았으며, 내가 아침에 무엇을 먹었는지 혹은 무엇은 먹지 않았는지 생각하지는 않았지만 심장은 전속력으로 달려온 양 두근대기 시작했다.

그 자리에서 굳어 버린 나는 몇 주 동안 보지 못한 친구들에게 웃어 보이면서도 속으로는 비명을 지르고 있었다.

있는 힘을 다해 겨우 새로운 반을 확인한 후 교실로 향했다. 하지만 아무것도 들리지 않았다. 다시 악몽을 꾸고 있었다. 머리가 어지러웠고, 마치 두 눈을 가린 채 걸어가고 있는 것 같았다. 담임선생님이 학교의 가치, 개방성과 톨레랑스(관용—옮긴이)에 대해 말하는 소리가 들렸다. 화가 치밀었다. 아무 말 없이 의자에 가만히 앉아 있을 수 없어 옆자리 친구에게 말도 안 되는 소리라고, 이 학교보다 더 폐쇄적인 곳은 없을 거라고 중얼거렸다. 내 말이 들렸는지 선생님은 내게 수업이 끝나고 교실에 남으라고 했다. 지긋지긋했다. 하지만 이제는 두렵지 않았다. 화가 났다. 고통과 모욕의 시간 동안 내 안에서 축적되어 온 분노였고, 무엇도 나를 예전의 나로 되돌릴 수 없을 것이었다. 종이 울리자마자 나는 가방을 챙겨 재빨리 교실을 나왔다. 익숙한 복도를 가로지른 뒤 마지막으로 운동장을 바라보고 정문을 나섰다. 그리고 다시 뒤돌아보지 않았다

얼마 지나지 않아 다른 학교에 입학해 보려 했다. 병원에

서는 내가 교육 기관에 남아 질환이 없는 또래 아이들을 계속해서 만나는 편이 좋을 것이라 판단했다. 부모님, 교장 선생님과의 면담이 있었다. 교장 선생님은 매우 친절했고 이해심이 많았다. 같은 반에 학교 공포증을 앓는 아이 한 명이 있었는데 아무런 문제가 없었다. 학교에서는 모두에게 적합한 방식을 찾았고, 그 방법이 내게 먹히지 않을 이유가 없었다. 한 선생님이 시험 삼아 내게 오후 수업을 들어 보라고 제안했다. 속으로는 너무 이르다고, 나는 아직 준비가 덜 되었다고 생각했지만 늘 그래 왔던 대로 차마 거절하지 못했다. 나는 면담에서 울면서 나왔고, 함께 온 엄마에게 오후 수업에는 발도 들이지 않을 거라고 소리쳤다. 그때 나는 학교로 다시는 돌아가지 않겠다고 결심했다.

결정을 내리고 나서는 CNED 수업만 들었고, 일주일에 두 번 내원하던 병원에 매일 나가기 시작했다. 몇 달 전부터 병원에 익숙해지기 시작한 참이었다. 나는 장애를 가진 청소년들이 낮에 머무는 공간인 낮 병동에 다녔다. 돌봄을 받는 아이들보다 돌보는 어른의 수가 훨씬 많은 대안학교와 흡사했고, 더 많은 자유가 주어졌다. 특히 이곳에서 나는 어른과 대등한 존재로 여겨진다는 느낌을 받았다. 모두가 나를 믿어 주었고, 나 역시 그들을 그리고 특히 나를 믿었다.

월요일 오후에는 상담 선생님과 한 시간 동안 면담한 후 프랑스어 수업을 들었다. 이 '학교'에서는 선생님 세 분이 모든 학년의 모든 과목을 담당했다. 나는 인문과학 전공이라 주로 영어와 프랑스어 수업을 들었다. 화요일 아침에는 영어와 프랑스어 수업을 각 한 시간씩, 수요일 오전에는 다른 수업을 들었다. 하지만 여러 치료 프로그램에 참여하는 화요일과 목요일을 나는 가장 좋아했다. 좋아하는 프로그램은 라디오 아틀리에. 병원에는 믹싱 테이블, 마이크와 헤드폰이 설치된 둥근 테이블을 갖춘 전문가를 위한 스튜디오가 있었다.

라디오 아틀리에 진행은 미카가 맡았다. 나는 그녀를 매우 좋아했다. 근사한 사람이었다. 우리를 마치 동갑내기 대하듯 했고, 최근 이슈나 인생 전반에 관해 묻곤 했다. 아틀리에 최대 수용 인원은 다섯 명, 우리를 관리하는 간호사도 한 명 있었다. 학생들 모두가 각자의 연약함을 지니고 있었고 아직 미성숙했기에 늘 약간의 마찰이 있었지만 전반적으로 무탈했다. 아틀리에에서는 우리가 정한 주제에 대해 간단한 취재를 했는데, 나는 좋아하는 빌리 아일리시를 선택했다. 음악계 소식에 대해 이야기하는 걸 좋아했기에 조사를 하며 많은 사실을 알게 되었다. 고요한 상태에서 집중하는 시간이 나에게는 무척이나 도움이 됐다. 그 시간을 통해 내가 무엇인가를 할 수 있는 사람이고, 열심히 할 수 있으며, 오랫동안 생각했던 것과는 달리 패배자가 아니라는 사실을 깨달았다. 나는 미카를 친구처럼 여기게 되었다. 내가 믿을 수 있고 조언을 구할 수 있는 사람이었다. 지금까지도 미카를 만나며 소식을 듣고 있다. 흘레 세레나의 모든 팀은 서로 정보를 교환하며 우리의 완치를 목표로 일하기 때문에 우리가 만든 라디오 방송은 상담 선생님들에게 보내졌다.

점차 같은 시간대에 치료를 받는 또래 친구 여럿과 친해졌다. 우리는 밖에서는 절대 만나지 않았지만 그렇게 한 무리를 이루게 되었다. 복잡한 관계였다. 모두가 저마다 무거운 사연을 가지고 있었다. 몇몇은 나보다도 훨씬 심각한 문제를 겪고 있었다. 정확히 어떤 이유로 치료를 받는지 알지는 못했지만, 한번은 상담 선생님이 내게 경고했다.

방 안에서 서성대다가, 곡을 커버하고, 수백 개의 가사를
암기하다 보니 좋아하는 아티스트들처럼 직접 영어로
곡을 쓰기에 이르렀다. 프랑스어보다 영어로 곡을 쓸 때
억압에서 한결 자유로워졌다.

– 테싸, 네게 이 말을 해줘야겠구나. 또래 친구들과 관계를 맺는 건 매우 바람직하지만 병원이 돌보는 다른 아이들과의 관계에 지나치게 매달려서는 안 된단다. 심각한 병을 앓는 친구들도 있고, 네가 상처를 입을 수도 있어.

어려서부터 말에 관심이 많았던 나는 에퀴테라피 프로그램을 듣기도 했다. 말을 타고 승마장을 나와 산책을 하곤 했다. 동물과 함께 있다는 것, 동물을 제어한다는 사실이 나를 차분하게 만들었다. 우리가 행동하는 방식에 따라 반응하는 또 다른 생명체를 돌보면서 나는 내 몸을 의식하는 연습을 했다.

간호사 두 분이 진행하는, 외부에서 오는 두려움을 이겨내기 위한 '도시에서'라는 이름의 프로그램도 있었다. 매 시간마다 마르세유 안에서 도착지를 정해 대중교통을 이용해 찾아갔다가 다시 돌아오는 프로그램이다. 우리가 사는 도시에서 이동을 하기 위한 기초를 다시 배우고, 누구의 도움 없이 외부 환경에 대한 신뢰를 다시 쌓을 수 있었다. 몇 년 전부터 부모님 없이 외출을 거의 하지 않았기 때문에 독립성을 되찾은 것 같아 뿌듯했다.

병원에 있을 때를 제외하고는 여전히 집에서 많은 시간을 보냈다. 낮에는 CNED 수업을 듣기로 돼 있었지만 실제로는 주로 음악 작업을 했다. 방 안에서 서성대다가, 곡을 커버하고, 수백 개의 가사를 암기하다 보니 좋아하는 아티스트들처럼 직접 영어로 곡을 쓰기에 이르렀다. 프랑스어보다 영어로 곡을 쓸 때 억압에서 한결 자유로워졌다. 곡을 쓰기 시작한 건 내 안의 고통을 표출하고 싶었기 때문인데, 그 탓인지 나의 첫 가사는 정말로 어두웠다. 지금 그 가사를 다시 읽어 보면 가사에 배어 있는 비탄과 고독, 배회하고 있는 죽음이 충격적으로 느껴진다. 정신병에 대해 노래한 트웬티 원 파일럿츠의 「Car radio」의 영향을 강하게 받던 무렵이었다. 어둡고도 시적인 가사에 혼란스러웠다. 한 남자가 자신의 자동차에 있던 라디오를 도둑맞는 바람에 어쩔 수 없이 조용히 앉아 있다가 어두운 생각들을 떠올린다는 내용이다. 나에게 이노래는 소리로 하는 치료이자 내가 쓰고자 했던 이야기였다. 나는 나에 대해 쓰기 시작했다. 처음에는 내가 좋아하는 가사를 참고하며 왜 그 가사가 좋은지, 왜 마음에 와 닿는지 이해하기 위해 하나하나 뜯어보았다. 각 단어가 지닌 의미를 찾아보고, 눈물 나게 하는 문장이 있을 때는 문장 구조의 비밀을, 단어의 배열을 파헤쳤다. 나는 곡을 쓰기 전인 더 어렸을 때 쓴 짧은 소설과 시를 여전히 보관하고 있다. 꼭 노랫말이 아니어도 글 쓰는 행위 자체를 줄곧 소중히 여겨 왔는데, 이제는 벌스(노래의 앞 소절, 후렴구 앞에 놓이는 잔잔한 진행 부를 지칭한다-옮긴이), 브리지(벌스와 후렴, 혹은 후렴과 후렴 사이를 잇는 부분으로 곡을 지루하지 않게 만드는 역할을 한다-옮긴이), 후렴의 구성을 염두에 두고 가사를 쓰는 데만 집중했다.

나의 첫 가사는 내가 모델로 삼았던 가사와 꽤 유사했지만 연습을 거듭할수록 글은 점점 다른 형태를 띠게 되었다. 결과물이 괜찮은지는 모르겠지만 나를 닮은 것만은 확실하다. 누구에게도, 상담 선생님에게도 차마 말하지 못한 모든 것을 종이에 적었다. 영어는 나를 자유롭게 풀어 주었고 장벽과 수줍음을 무너뜨렸다.

학교를 완전히 그만두고 나서는 고1 때 친구들과 가끔 저녁 모임을 가졌다. 내가 좋아하는 사람들이었지만 그럼에도 나는 그들과 매우 다르다고 느꼈고, 새로운 열정을 향해 나아갈수록 학교 수업과 진로에 따라 움직이는 친구들의 일상과 더욱 멀어졌다. 나는 트위터에서 새로운 친구들을 만들었다. 몇 달 전부터는 래퍼 힐레스에 푹 빠져 팬이 되었다. 그는 프랑스인이지만 미국 랩에서 영감을 받았고, 나처럼 영어로 작사를 한다. 모든 걸 혼자 익혔다고 했다. 그를 롤 모델로 삼기로 했다. 트위터에서 다른 팬들을 알게 되고 이를 계기로 외부 세계와 다시 관계를 맺게 되었다. 우리는 서로를 R 감독관이라고 불렀다. 실제로 그들을 알지는 못했고, 우리는 수백 킬로미터 떨어진 곳에 살고 있었지만 덕분에 우정, 결속, 존중, 신뢰에 대해 배웠다. 다수의 사람들에게는 인간관계의 기본 요소들이지만 나에게는 완전히 새로운 것들이었다.

그 해에는 라 프리슈(마르세유에 있는 문화 공간—옮긴이)에서 열리는 힐레스의 공연을 보러 갔다. 언니의 생일을 맞아 표를 예매했는데 나의 첫 콘서트 관람이었다. 믿기지 않았다. 수많은 관객도 두렵지 않았다. 난 마치 물 만난 물고기 같았다. 그날 찍었던 사진과 영상을 며칠 동안 밤마다 들여다보았다. 그 순간을 무한히 반복하고 싶었다.

$1\ 2\ 3$

$2 + 4 =$

9

    고2였던 그 해에 나는 여전히 불안했다. 때로는 우울감이
엄습하는 바람에 방에서 나가거나 다른 일을 할 수가 없었
다. 탈학교는 기나긴 여정 끝에 내가 다다른 지점이자, 이유
는 알 수 없지만 내가 또래 아이들과는 다르다는, 이제껏 알
고 있던 사실을 다시금 확인하게 만든 논리적인 해결책이었
다. 나는 또래 아이들과 다른 욕망, 다른 취향을 가지고 있었
다. 아이들과 가까워지면 늘 그 괴리에서 오는 폭력에 또다
시 노출되고, 결국에는 소외되기 일쑤였다. 학교를 완전히
떠난 뒤로는 가족이나 훌레 세레나 팀 말고는 사람을 거의
만나지도, 외출도 하지 않았는데 그런 생활이 나와 잘 맞았

다. 바깥세상과 마주할 일이 없으면 에너지를 유지할 수 있고, 불안발작이나 문제를 일으키는 사회적 관계에 휩쓸리는 대신 음악, 노래, 글쓰기에 그 에너지를 쏟을 수 있었으므로.

학교에 다니지 않는다는 건 더는 내게 일상적인 고통을 가할 필요가 없다는 것을, 내가 성장하고, 성숙해지고, 나의 길 그리고 더 나아가 내 삶의 의미를 찾는 데 시간을 할애할 수 있다는 것을 의미했다. 학교생활은 마감으로 점철되어 있어 숨 돌릴 틈이 없다. 1학년이 시험이 없는 유일한 학년인데도 불구하고 우리 고등학교는 입학과 동시에 매주 시험을 치르며 바칼로레아를 준비했다. 끝까지 해야 한다는 걸 알지만 이제는 내가 활짝 피어날 수 있는 곳이 대학 강의실이나 사무실과는 거리가 있다는 확신이 있다. 이미 나의 모든 시간을 쏟고 있는 음악 외에 다른 일을 하는 내 모습을 그려볼 수가 없다. 하지만 나는 겨우 만 열여섯, 음악 산업이 어떻게 돌아가는지 제대로 알지 못했으며 그쪽에 아는 사람도 없었다. 그러나 업계에 대한 지식이 전무했던 힐레스 역시 현재 위치에 이르기까지 어느 것 하나 포기하지 않았다고 한다.

몇 달 전부터 다시 노래 수업을 듣고 있다. 학생 대부분이

성인인, 내 또래는 두세 명뿐인 수업이다. 선생님 두 분이 어느 식당에서 저녁에 진행하는 수업이었다. 두 분 모두 내가 자신감을 얻도록 도와주었다. 고음을 내고 감정을 전달하는 나의 능력에 자신감을 갖도록. 얼마 전부터는 내 목소리가 파워풀하지 않다는 콤플렉스가 생겼다. 선생님들은 다른 사람들의 스타일을 따라 하는 대신 나의 목소리를 있는 그대로 받아들이고, 독특함을 살려 보라고 조언했다. 그 수업에는 나처럼 학교를 그만둔 여자애가 한 명 있었는데, 우리는 가끔 CNED에 대해 이야기하고 핵심 내용을 정리한 자료를 주고받기도 했다.

하지만 나는 병원에 있을 때를 제외하고는 공부를 거의 하지 않았다. 수업이 아니라 수업과 관련된 모든 기억들이 문제였다. 역사책을 펼치면 교실, 선생님과 아이들의 시선, 숨막힐 것 같은 기분과 구역질이 곧장 떠오르는 바람에 수업에 흥미를 갖기가 쉽지 않았다. 뮤지션이 되고 싶었고 이를 위해서는 뭐든 하겠다고 마음을 먹고 나니 더욱 그랬다.

서둘러 음악 작업을 하기 위해 가능한 한 빨리 숙제를 해치웠다. 곡은 여전히 영어로 썼다. 최근에는 작곡 프로그램인 로직 프로X에 빠졌다. 코드와 화음을 넣어 손을 보고, 어떤 결과물이 나올지 알 수 없지만 처음부터 끝까지 한 곡을 완성하겠다는 목표로 떠오르는 대로 아무렇게나 만들어 본다. 아직 한 곡을 끝까지 완성하는 단계는 못 되지만 목소리에 입힌 효과가 가끔은 꽤나 만족스럽다. 프로그램을 능숙하게 다루지는 못해 무엇을 하든 시간이 많이 걸렸다. 한참 하다 싫증이 나면 하던 작업을 그대로 두고 다음 작업으로 넘어갔다. 곡 커버도 계속했다. 힐레스가 신곡을 내면 그의 매니저 소피앙을 태그해 SNS에 커버 곡을 올렸다.

어느 날, 소피앙이 내 커버 곡 하나에 댓글을 남겼다. "브라보."라는 짧은 댓글이었지만 내 인생에서 가장 아름다운 날이었다. 나는 소피앙이 또 댓글을 달아 주기를 바라며, 인스타그램 계정에 내가 녹음한 곡의 일부, 곡 전체가 아닌 내 마음에 드는 1절과 후렴을 계속해서 올렸다.

11월의 어느 아침 일어나 휴대폰을 켰다. 지난 몇 주간 이제껏 가장 많은 포스팅을 올렸는데 반응이 거의 없었다. 공부를 열심히 하지 않는 나를 보며 부모님은 걱정했다. 내가

150

다시는 '정상적인' 삶을 살지 못할까 봐 걱정하셨다. 부모님과는 고등학교 졸업 시험을 치를 때까지는 열심히 공부하기로 합의를 본 터였다. 물론 부모님은 나를 믿어 주었고, 내가 꿈을 이룰 수 있도록 모든 걸 지원해 주겠다고 약속했지만 동시에 내가 현실에 발붙이기를 바랐다. 내가 가수가 되는 게 불가능한 일은 아니지만, 가수가 되지 못하거나, 되더라도 먹고 살기 힘들어 부업을 해야 할 가능성도 안타깝지만 다분하다고 했다. 음악 말고 다른 일을 하고 싶지도 않고, 원하는 대로 되지 않는다면 어떻게 할지 생각하고 싶지 않았기에 부모님과 그런 이야기를 하고 싶지 않았다.

침대에 누워 이 모든 것에 대해 생각했다. 일찍 잠에서 깼고, 평일이라 가족들이 외출 준비를 하는 소리가 들린다. 나는 집에 남아 있을 것이었다. 트위터를 들여다보는데 메시지 하나가 와 있다. 소피앙, 힐레스의 매니저다.

메시지를 누르고는 눈을 감았다. 차마 읽을 수가 없다. 실망할까 봐 두렵다. 내게 가능성이 있다고, 스스로를 믿고 꿈을 버리지 말라고, 계속 밀고 나가라고 말해 주기를 빌어 본다. 눈을 떴다. 소피앙은 내가 계정에 올린 모든 포스팅을 들어 봤다고 했다. 내가 영어로 쓴 후렴이 인상적이라고도 했다. 내 나이에 커버 곡뿐만 아니라 멜로디를 만들고, 가사를 쓰고, 창작을 하는 게 흔치 않은 일이라고. 그는 내가 어디에 사는지 물었고, 부모님과 함께 만나자고 제안했다.

나는 서둘러 답했다. 나는 마르세유에 살고, 부모님께 아직 말씀드리지는 않았지만 소피앙을 너무나 만나고 싶다고. 소피앙은 힐레스 콘서트 때문에 2주 뒤 툴루즈에 간다고 했는데, 마르세유에서 아주 가깝지는 않지만 부모님과 나를 툴루즈에 초대했다. 우리는 그곳에서 만나 나의 미래에 대해 의논을 하게 되는 것이었다.

믿기 힘든 일이 벌어지고 있었다. 영화에서처럼 내가 좋아하는 아티스트의 매니저를 만난다니. 나는 침대에서 일어나 엄마에게 달려갔다. 좀처럼 마음을 가라앉힐 수가 없었고, 엄마는 내가 무슨 이야기를 하는지 전혀 이해하지 못했다.

2주 뒤, 나는 부모님과 함께 툴루즈로 갔다. 부모님께 이 이야기를 하면 흥분하고 자랑스러워할 거라고 기대했지만 부모님은 침착한 목소리로 말했다. 음악 업계는 자비가 없는 세계고, 한 사람에게 모든 희망을 걸어서는 안 된다며 흥분하지 말라고 주의를 주었다. 나를 생각한 걱정이었다. 우리 주변에 예술을 하는 재능 있는 사람이 여럿 있지만 그 누구도 예술로 먹고 살지는 않았다. 여유 시간에 하는 취미 활동이었다. 열정을 직업으로 탈바꿈시키는 일은 몹시 드문 경우로, 특권이지 단순히 재능만의 문제가 아닌 것이다. 부모님은 의심을 거두지 않으면서도 내가 성공해 꿈을 펼칠 수 있는 기회를 최대한 만들어 주려고 했다.

소피앙과는 오후에 캐피톨 광장에 있는 풋로커(스포츠 브랜드 매장—옮긴이) 앞에서 만나기로 했다. 우리는 약속 장소에 미리 도착했는데 나는 갑자기 의기소침해졌다. 부모님을 쳐다보니 부모님도 나를 바라보고 있었다. 부모님도 난생처음 겪는 일이었다. 바보 같다는 걸 알지만 소피앙이 약속을 잊었다고, 나 말고 다른 아이에게도 오라고 제안을 했거나, 내가 누구인지 모른다는 생각에 스트레스를 받기 시작했다. 나는 소피앙이 어떻게 생겼는지도 몰랐기 때문에 우리 앞을 지나가는 모든 젊은 남자를 살펴봤다. 그때 우리에게 환한 미소를 지으며 다가오는 사람이 있었다. 소피앙이다. 생각했던 것보다 훨씬 젊고, 키도 작았다. 길에서 마주쳤다면 힐레스의 매니저라고 짐작도 하지 못했을 것이다. 삐죽삐죽 세운 긴 머리칼에 눈이 갔다. 소피앙은 우리가 와주어서 기쁘다고 했는데, 나는 그의 눈을 바라보며 그 말이 진심이라고 생각했다.

우리는 비 그리고 날씨, 마르세유에서부터의 여정에 대해 이야기했다. 나는 어서 빨리 본론으로 들어가고 싶어 안달이 났다. 무슨 말부터 해야 할지 몰랐다. 묻고 싶은 게 산더미였다. 어떻게 힐레스를 찾아냈는지, 매니저는 무슨 일을 하는지, 음반사는 어떻게 돌아가는지. 하지만 부모님은 나에 대한 이야기를 먼저 꺼냈다. 내가 학교에 다니지 않는 대신 CNED 수업을 듣고 있고, 또래 아이들보다 음악에 할애할 수 있는 시간이 훨씬 많다고. 음악은 나에게 취미 그 이상의 집착이자 나로 하여금 미래에 대한 기대를 품을 수 있게 하는 동시에 나를 기분 좋게 만드는 유일한 것이라고. 부모님은 내게 재능이 있다고 생각하지만 진심이 담긴 전문가의 조언이 필요하다고 말했다. 내가 열정을 쏟고 난 뒤 실망하지 않기를 바랐고, 나를 탈출구가 없는 길로 떠밀게 되지는 않을

154

까 걱정했다. 내게 가수가 될 가능성이 있는지 알고 싶어 했다. 부모님이 내 앞에서 나의 미래에 대해 이야기하는 건 처음이었다. 내게 재능이 있다고 생각한다는 말도 처음이었다.

소피앙은 누군가를 발굴할 때 자신이 틀리지 않는다는 확신을 가질 정도로 업계에서 충분히 오래 일했다고 확신에 찬 목소리로 말했다. 내게 재능이 있지만 계속해서 지금보다 더 노력하고, 내가 시작한 곡을 끝까지 마무리해서 완성해야 한다고 했다. 그렇게 하면서 배우게 될 거라고. 내가 곡 작업에 몰두해 여러 곡을 완성하는 즉시 우리는 그다음 단계를 논의하기로 약속하고 헤어졌다. 소피앙은 음향 조율을 위해 돌아가야 했고, 콘서트가 끝나면 내게 힐레스를 소개해 주기로 했다.

비키니 콘서트홀에 들어서자 순간적으로 불안이 엄습해 왔다. 라 프리슈에서 열린 힐레스 콘서트가 내가 간 유일한 공연이었다. 폐쇄된 공간과 혼잡함에 익숙하지 않기 때문에 그날 밤 힐레스 대신 무대에서 공연하는 나를 상상해 보지만 나에게 꽂히는 그 많은 시선을 감당할 수 있을지 모르겠다.

잠시 눈을 감고 호흡에 집중했다.

　나는 인파에 짓눌리지 않기 위해 조금 멀리서 공연을 관람했다. 힐레스의 존재감, 관중의 에너지, 몸속까지 울리는 베이스, 모든 것이 경이로웠다. 이처럼 마법 같은 순간은 처음이었다. 공연이 진행될수록 나의 불안, 두려움, 방황과 고통의 나날들, 모든 걸 잊는다. 관중도 더 이상 적대적으로 느껴지지 않았다. 오히려 나도 그 안에 속해 있는 것 같았다. 음악이 울려 퍼질 때마다 모여 있는 모든 이들의 에너지가 증폭되는 듯했다. 이것이야말로 내가 원하던 것이다. 나는 음악이 내 인생의 중심이기를 바랐다.

　공연이 끝나고 우리는 소피앙을 기다렸고, 약속한 대로 그가 힐레스와 함께 왔다. 소심해진 나는 말도 제대로 하지 못했지만 힐레스와 찍은 사진만은 추억으로 남았다.

　이제 어떤 일이 펼쳐질지 전혀 감이 잡히지 않았지만, 마르세유에 돌아온 다음 날 나는 그 어느 때보다도 의욕이 넘쳤다. 방에 처박혀 키보드 앞에서 마음에 드는 패턴을 찾아 코드를 넣기 시작했다. 새로운 에너지가 느껴지고, 심장박동을 높이는 내 안에서 꿈틀거리는 무형의 존재가 손가락까지 뻗어 나갔다.

그 후 몇 주 동안 드디어 곡 하나를, 아니 여러 곡을 만들었다. 완벽한 곡도 아니고, 멜로디를 구성하는 데 그다지 능수능란한 편은 아니었지만 그래도 뿌듯했다. 며칠 동안 곡을 더 다듬어 소피앙에게 보낼 것이다.

"
며칠 뒤 결과가 나왔다.
과목 대부분에서
평균 이상의 점수를 받았다.
10개월 전부터
학교에 발을 들이지 않았는데도
내 점수는 평균보다 35점이나
높았다. **"**

10

잠에서 깰 때마다 소피앙에게 곡을 보냈음에도 그에게서 아직 회신이 없다는 사실이 떠오른다. 아예 답장이 오지 않을지도 모른다. 소피앙은 그 모든 말로 내게 용기를 북돋고는 힐레스의 콘서트가 끝나자 갑자기 등장했던 것만큼이나 빠르게 내 인생에서 사라졌다. 툴루즈에서 돌아와 메시지를 몇 번 주고받기는 했지만 답장의 길이가 점점 짧아지고 횟수도 줄더니 이제는 답이 없다. 초반에는 믿고 싶지 않았다. 언젠가는 미안하다는 말과 함께 다시 연락을 주리라고 믿었지만 한 주 두 주가 지나면서 체념하고 말았다. 해낼 수 있을 거라고, 내 인생에 수어진 기회를 잡아야 한다고 진심으로 믿었기에 고통스러웠다. 소피앙의 조언을 발판 삼아 나는 작업에 열을 올렸다. 이제는 음악 말고 다른 걸 하는 나를 상상할 수 없었고, 학교에 다닐 수도 없는 노릇인데, 그렇게 몇 주를 보내고 나니 길을 잃은 기분이었다. 음악이 미래를 보장해 주지 않는 만큼 부모님은 내가 공부하기를 바랄 게 뻔했다. 나는 상처받았고, 이렇게 쉽게 이루어지리라 기대했던 나 자신이 조금 부끄러웠다.

다행히 일주일에 몇 번씩 꼬박꼬박 흘레 세레나에 나가고 있었다. 상담 선생님과 대화하며 가족 이외의 사람들에게 속 이야기를 할 수 있었고, 병원 프로그램에 참여해 기분 전환을 하곤 했다. 언니, 동생, 부모님과 이 모든 것에 대해 이야기하고 싶지 않았다. 최근 들어 여기저기서 힐레스가 눈에 들어온다. 힐레스의 커리어는 정점을 향해 가는 중이고, 콘서트와 프로모션이 끊이지 않는다. 힐레스 이야기가 들릴 때마다 소피앙과 그가 답하지 않은 내 메시지를 떠올렸다. 내게 재능이 있다고 하고는 아무 소식을 전하지 않는 그가 원망스러웠다. 처음으로 얻은 전문가의 의견이었고, 그만큼 내게 큰 의미가 있었는데. 내 꿈에 자신을 가져도 된다는 첫 신호였으나 그의 침묵이 무슨 의미인지는 알 수 없었다.

하지만 힐레스의 인터뷰를 읽으며 나는 다시 희망을 가졌다. 그 역시 업계에 아는 사람이 없었고, 파리 출신도 아니었다. 그는 루앙에서 자랐으며 그 누구의 도움 없이 혼자 모든 걸 익혔다. 그리고 그의 노력은 배신하지 않았다. 컨디션이 좋을 때는 내가 걸어가야 하는 길이 바로 이 길이라는 생각이 들었다. 물론 소피앙의 조언과 도움을 받으면 한결 수월해지겠지만. 그렇다고 해서 내가 절대 유명해질 수 없다는 건 아니지 않나. 인내심을 가지고 계속 연습해야 한다.

CNED 수업에 되도록 시간을 쓰고 싶지 않았다. 단지 부모님을 기쁘게 하기 위해, 안심시키려고 수업을 듣는 것뿐이었다. 인문과학 전공 2학년이니 연말에는 프랑스어 작문과 구술, 과학, 수학 시험을 치고, 종합 구술 면접을 봐야 한다. 시험을 보러 다시 교실에 들어가는 일이 쉽지는 않겠지만 각오는 돼 있었다. 병원 치료팀과 심장 일관성 훈련(심장박동의 변동성을 제어하는 훈련법−옮긴이)을 하며 불안을 유발하는 상황에 따라 다르게 대처하고, 호흡에 집중하고, 심장박동이 가라앉을 때까지 숨을 내쉬는 법을 연습했다. 특히 면접관과 마주해야 하는 구술시험이 무서웠다. 고등학교에 입학하고 한 뼘 성장했다고 생각했지만 그럼에도 나는 여전히 인간관계에서 큰 불안감을 느꼈다.

트위터로 연락하는 힐레스 팬들, 노래 수업을 같이 듣는 사람들과 만날 때를 빼면 난 늘 철저하게 혼자였다. 흘레 세레나에서 친하게 지내는 또래 아이들도 편하지 않았다. 에르난데즈 선생님이 일러준 대로 몇몇 사람은 경계해야 한다는 걸 알지만 그렇다고 해서 과도하게 분석하는 태도를 버리지는 못했다.

누군가를 만나기만 하면 늘 같은 패턴이 반복된다. 내 앞에 있는 사람의 입장이 돼보려 하고 그 사람의 반응을 예측하려 하는데, 그와 동시에 이 사람을 빠르게 파악하려 애쓰는 바람에 대화에 온전히 집중할 수가 없다. 해로운 관계는 흔적을 남긴다. 괴롭힘 역시 마찬가지다. 밉보이거나 측은하게 여겨지고 싶지 않다는 걱정에 늘 두려움에 떤다. 사람들은 내가 자존감이 낮으며, 미성숙하고, 문제가 있다고 생각하겠지.

그래도 간혹 제대로 된 관계를 맺기도 했다. 하지만 친구가 되는 순간 그 관계가 내 안의 너무 많은 부분을 차지해 버리고, 내가 이상하다는 생각을 증폭시킨다는 걸 깨달았다. 우정은 내게 절대적인 것이다. 누구를 좋아하게 되면 나도 모르는 사이에 그 사람이 좋아하는 것을 좋아하고, 그 사람의 처지가 돼보려 한다. 타인의 영향을 쉽게 받는 편이라 모든 주제에 대해 같은 생각을 공유하고 싶어 한다. 사실 누가 내게 조금이라도 관심을 주면 나는 그 사람을 지나치게 선망해 버린다. 그러면서 상대가 나를 귀찮아하고 지겨워할까 봐, 소피앙과 그랬던 것처럼 더 이상 나와 말을 섞고 싶어 하지 않을까 봐 두려워한다.

CNED 수업, 바칼로레아 준비, 음악 작업을 병행하고 있다. 내가 형편없이 느껴지던 우울한 시간이 지나가자 실망은 원한으로 바뀌었다. 원한은 나의 동력이 되었다. 나와 약속했다. 작업을 계속하고 절대 포기하지 않기로. 소피앙과의 일화는 적어도 내가 작업에 몰두한다면 나를 알릴 수 있다는 걸 증명해 준 셈이다. SNS를 이용하면 굳이 파리로 가거나 인맥에 기댈 필요 없이 나의 노래를 세상 끝까지 울려 퍼지게 할 수 있다. 그러기 위해서는 노력과 결심, 적지 않은 운이 필요하다. 내가 깨달은 바대로라면 운은 만들 수 있다. 아티스트와 음반사의 관심을 끌려면 곡을 커버하고, 자작곡을 만들면 된다. 아무한테도 말하지 않을 테지만 사실 소피앙이 우연히 다시 내 노래를 듣고는 내게 답장하지 않은 걸 후회하도록 뭐든 하고 싶었다.

나는 여전히 영어로 곡을 썼다. 프랑스어보다 긴장을 느슨하게 풀어 주는 영어가 더 편했다. 처음부터 혼자 온전히 작곡을 하려는 시도는 더 이상 하지 않았는데, 마음에 꼭 들면서 진심으로 흥미가 생기는 소리를 만들어 낼 정도로 작곡에 능숙하지 않았기 때문이다. 얼마 전, '타이프 비트'라는 걸 발견했다. 비트 메이커들이 유명한 아티스트의 스타일을 따라 만드는 곡으로 직접 인터넷에 올려 자신을 알리는 게 그 목적이었다. 곡은 악기로만 구성되어 있어 그 위에 멜로디를 얹고 가사를 붙일 수 있다. 나는 초보 작곡가들과 교류하고자 여러 사이트를 기웃거렸다. 다른 사람의 도움 없이 이 세계가 어떻게 돌아가는지 이해하기까지는 시간이 걸렸지만 새롭게 알게 된 것을 직접 적용해 보면서 내가 더 단단해지고 있다고 느꼈고 그 자체로 뿌듯했다.

　6월이 성큼 다가왔다. 곧 바칼로레아를 치러야 한다. 부모님을 안심시키고, 나를 응원해 준 흘레 세레나 팀을 기쁘게 하기 위해서, 계속 음악을 할 수 있게 나를 가만히 내버려 두기를 바라는 마음에 시험을 보기로 했다. 하지만 그렇게 하기까지 많은 노력을 기울여야 한다. 학교에 나가는 건 고2 때 이후로 처음이었다. 다행스럽게도 내가 다니던 고등학교에서 시험을 보는 건 아니었으나 어찌됐든 악몽과 다를 바가 없으리라. 부모님은 나의 상황을 설명하는 진료 기록을 교육청에 제출해 내가 불안발작을 일으킬 경우 교실에서 나갈 수 있도록 허락해 달라고 요청했다. 내가 시험을 치를 학교의 보건 선생님에게까지 관련 지시 사항이 전달되었다.
　건물 입구에 도착하자 다리는 이미 후들거리기 시작했고 머리가 어지러웠다. 내 몸이 그 장소에 있는 것 같지 않았고, 누군가의 조종을 받아 움직이는 듯했다. 내가 분리된 것 같은 느낌, 내가 어디에 있고 누구인지 알 수 없는 이 느낌이 끔찍하다. 아는 사람도 없었고, 다른 아이들이 끼리끼리 모여

웃고 떠드는 걸 보니 더욱 혼자라는 생각이 들었다. 교실 앞까지 오기는 했는데 어찌할 바를 몰랐다. 모르는 사람들에 둘러싸여 있는 상황이 스트레스였다. 몸이 좋지 않을 때 의지할 수 있는 사람이 아무도 없었다. 감독관이 문을 열고 들어왔고, 모두 자리에 앉았다.

자리에 앉으니 구역질이 올라왔다. 다른 곳으로 신경을 돌리려고 하지만 불가능했다. 내 머리는 반복해서 동일한 강박, 동일한 불안 주위를 빙빙 돌고 있다. 5분 뒤 졸도할 것 같은 느낌이 들었고 결국에는 나가도 되는지 물어볼 수밖에 없었다. 물론 모두의 눈이 나를 향했고, 늘 그렇듯 나는 그날 아침의 구경거리가 되었다. 그래도 내가 앉아 있을 때 내게 다가와 나를 진정시켜 주려 애쓴 여자애가 있기는 했다. 복도로 나가자 시험을 끝까지 보고 싶다고, 다시 집으로 걸음을 돌리기 위해 여기 온 게 아니라고 말할 수 있을 정도로 마음이 가라앉았고 호흡도 돌아왔다. 시험을 같이 준비한 병원의 프랑스어 선생님에게 전화를 하기로 했다. 선생님은 내가 어떤 상황에서 어떤 반응을 보이는지 알고 있다. 내가 의지하는 사람이었다. 선생님은 그날 내가 시험을 보는 걸 알고 있던 터라 곧장 전화를 받았다. 내게 괜찮다고 말씀하면서 다른 방법이 효과가 없다면 진정제를 먹어도 좋다고 했다. 나는 항상 진정제를 가지고 다녔다. 주머니에서 진정제를 꺼내 약이 더 빨리 효과를 내도록 작은 조각을 혀 밑에 넣어 녹였다. 감독관 선생님은 내가 정신을 차릴 때까지 곁에 있어 주었다. 학교를 한 바퀴 돌게 해 주면서 생각을 환기시켜 주기 위해 별일이 아니라는 듯 내게 말을 걸었다. 10여 분쯤 지나자 다시 교실로 들어갈 수 있을 것 같았다.

교실에 들어가니 내가 시간을 허비하지 않도록 감독관 선생님 한 분이 시험지의 의무 기입 사항을 모두 채워 놓은 뒤였다. 시험지는 이미 배부되었고, 수험생 모두가 연습용 종이에 답을 적어 내려가고 있었다. 나는 다시 자리에 앉아 숨을 들이쉬었다 내쉬고는 문제를 읽기 시작했다. 그리고 4시간 뒤 시험지를 제출했다. 오늘 남은 시간 동안 나는 자유였다. 나를 다독여 주려 했던 그 여자애가 왔다. 아니아라는 이름의 아이다. 우리는 짧은 대화를 나누었고, 나는 그녀의 인스타그램 계정을 팔로우했다. 그때는 알지 못했다. 훗날 우리가 그토록 절친한 사이가 되리라는 것을. 공황발작에도 불구하고

167

나는 시험을 끝까지 마쳤고 그런 나 자신이 자랑스러웠다.

나머지 시험일에는 프랑스어 선생님이 함께 해주었다. 선생님은 매번 내가 시험을 보고 나올 때까지 기다렸다. 선생님이 곁에 있다는 사실만으로도 힘이 났는지 이번에는 시험 도중 밖으로 나온 일이 없었다. 구술시험 날에는 프랑스어 선생님 대신 학교 보건 선생님이 곁을 지켰다. 긴장을 풀어 준다고 이런저런 얘기를 해주었고, 내 앞에서 순서를 기다리며 위로를 건네는 아이들과 이야기를 나눌 수 있게 대화의 물꼬를 터주기도 했다. 내 차례가 오고 긴장이 됐지만 움츠러들지 않았다. 내게 질문을 던진 선생님이 유독 차갑기는 했지만. 불안한 마음이 들었음에도 내가 구상한 대로 이야기를 풀어 나갔다. 교실에서 나왔고, 드디어 모든 게 끝이 났다. 마지막 시험이었다.

며칠 뒤 결과가 나왔다. 과목 대부분에서 평균 이상의 점수를 받았다. 10개월 전부터 학교에 발을 들이지 않았는데도 내 점수는 평균보다 35점이나 높았다.

11

몇 달 뒤 고3이 되었다. 가수가 되겠다는 내 결심에는 변함이 없었다. 여전히 CNED 수업을 듣지만 정작 수업은 뒷전이다. 그 해 8월 나는 만 열일곱이 되었고, 학교 교육 과정을 마칠 날도 얼마 남지 않았다. 흘레 세레나 치료팀과 진로에 대해 많은 이야기를 나누었다. 내 바칼로레아에서 성적을 보고는 내게 대학, 심지어 전문 학교(국립대학과 달리 인원수가 제한되어 있어 별도의 시험을 치르고 들어가는 엘리트 고등 교육 기관, 그랑 제꼴 준비반CPGE 고등기술과STS 또는 고등기술자격 학위BTS 과정 등을 제공—옮긴이)에 진학해 보지 않겠느냐고 했다. 엄마는 대학교 환경이 내게 고등학교 생활을 떠올리게 할 수 있다며 내가 단기 교육 과정을 밟은 뒤 빨리 사회에 진출해야 한다는 입장이었다. 하지만 시간이 지날수록 음악 말고 다른 것은 고민의 축에도 끼지 못했다. 적어도 바로 학업을 이어 나가고 싶지는 않았다. 모든 시간을 나를 알리는 데 쓰고 싶었다. 뮤지션으로서 커리어를 일구어 나가면서 학업을 병행할 수는 없었다.

일단 부모님한테는 말하지 않기로 마음먹었다. 구체적으로 정해진 바가 없었기에 혼자 생각하고 마는 게 나았다.

소피앙을 만난 뒤로는 업계 전문가와 교류할 일이 없었다. 하루에 몇 시간 동안 작업을 하지만 돌아오는 건 주위 사람들의 피드백뿐이었다. 눈에 띄기 위해서는 SNS 포스팅을 최대한 늘려야 했다. 나는 힐레스, 오헬산, 앙젤, 조자 스미스, 트웬티 원 파일럿츠, 빌리 아일리시의 곡 수십 개를 커버해 주기적으로 업로드했다.

힐레스가 곡을 내면 나의 커버 곡이 최대한 공유될 수 있도록 맨 처음으로 커버 곡을 올리려 했다. 가끔은 신곡이 나오고 30분 만에 커버 곡 녹음을 끝내기도 했다. 내가 올린 영

66

이틀 뒤, 소피앙은 클레망이 편곡한
나의 곡을 보내 왔다.
메시지를 받자마자 헤드폰을 쓰고
노래를 재생했다.
몇 초 만에 눈물이 고였다.
내가 생각하던 것 그 이상이었다.

99

상을 다시 볼 때면 지금도 저절로 입가에 미소가 지어진다. 박자 감각이 여전히 미흡하기는 하지만 나의 모든 에너지가 담겨 있었다. 그리고 때로는 그런 방식이 먹히기도 했다. 두세 번 정도 힐레스가 나의 커버 곡을 공유한 것이다. 오헬산이 「Pour le pire(최악을 향해서)」 커버 곡을 공유하기도 했다. 나는 이 모든 신호에 힘입어 계속 앞으로 나아갈 수 있었다.

어떤 때는 내가 목표를 이룰 거라는, 조만간 음반사의 연락을 받고 공부를 할 필요가 없어질 거라고 믿었다. 하지만 여전히 알 수 없는 이유로 불안 증상이 다시 나타났고, 집 밖으로 나가고 싶지 않았다. 병원까지 택시를 타고 가는 건 고문이었고, 나는 아무것도 해내지 못할 거라고 되뇌고 있었다. 하지만 이제는 이 역시 결국 지나가리라는 걸 알기에 다시 어둠이 걷히기를 기다린다.

2월, 몇 달 전부터 내가 바랐던 일이 드디어 일어났다. 소피앙이 다시 내 계정을 보고 영상에 '좋아요'를 누른 것이다. 며칠 뒤 그로부터 메시지를 받았다. 내가 1년 전부터 기다려온 바로 그 메시지다.

172

메시지를 바로 확인할 수가 없었다. 실망할까 봐, 내가 쏟아부은 에너지에 못 미치는 내용일까 봐 두려웠다. 막상 메시지를 열어 보니 사과의 말이 담겨 있었다. 지난 몇 달간 매우 힘들었고, 개인적인 사정이 있었다고. 그동안 내가 한 모든 작업에 대한 칭찬도 있었다. 소피앙은 앞으로 답장을 안 하는 일은 없을 거라는 약속과 함께 새 자작곡을 보내 줄 수 있는지 물었다. 그는 반주 없이 목소리로만 만들어진 곡에 관심을 보였다. 그 곡을 어떻게 발전시킬 수 있는지 보는 차원에서 루앙에 있는 그의 지인, '키맨Klefman'(영어의 키맨Key man을 프랑스어로 옮긴 단어로 철자는 다르지만 클레망Clément의 발음과 같다—옮긴이)이라고도 불리는 클레망에게 프로듀싱을 제안하고 싶다고 했다

이틀 뒤, 소피앙은 클레망이 편곡한 나의 곡을 보내 왔다. 메시지를 받자마자 헤드폰을 쓰고 노래를 재생했다. 몇 초 만에 눈물이 고였다. 내가 생각하던 것 그 이상이었다. 방금 받은 곡과는 전혀 상관이 없지만, 나는 방에 있는 기기들을 이용해 녹음한 보이스 트랙을 보냈다. 내가 만들 수 있으리라고는 전혀 생각하지 못한 진정한 소리였다. 타이프 비트를

찾아다니던 내내 내게 꼭 맞는 것을 발견하지 못했는데, 나를 알지도 못하는 클레망은 내가 하고자 했던 음악을 그대로 재현해 냈다. 내 인생에서 가장 중요한 만남은 이렇게 메시지와 트랙을 매개로 이루어졌다. 인터넷 사이트에서 만난 작곡가들과 작업을 해봤지만 클레망만큼 재능이 있는 사람은 없었다. 나는 클레망과 작업하고 싶었다. 지난번과는 다르게 소피앙은 불과 며칠 만에 자신의 진심을 여과 없이 보여 주었다. 나와 함께 일하고 싶다고.

몇 주 뒤 소피앙이 마르세유에 들렀다. 우리는 카페에서 만나 이야기를 나누기로 했고, 나는 엄마와 함께 그를 만나러 나갔다. 내가 미성년자인 만큼 엄마는 다른 사람들이 내게 하는 제안을 일일이 통제하려 했다. 소피앙이 툴루즈 공연 이후 몇 달 동안 소식이 없었기 때문에 엄마는 그에 대한 신뢰를 잃은 상태였다. 내가 다시 실망할까 봐 걱정했고, 이번에는 소피앙의 약속을 제대로 받아 내고 그다음은 어떻게 되는 건지 설명을 들어야 한다고 했다. 엄마도 나도 그다음 단계에서 무슨 일이 진행되는지 아는 바가 없었다. 엄마는 두려운 듯했지만 나는 흥분을 감출 수 없었다. 그때처럼 행복했던 적이 있었나 싶다.

카페 앞에 도착해 보니 소피앙은 이미 우리를 기다리고 있었다. 지금 또래 친구들은 바칼로레아 준비에 여념이 없는데, 갑자기 내가 소피앙을 속이는 것만 같았다. 자리에 앉았고, 엄마가 먼저 입을 떼고는 소피앙에게 질문을 퍼부었다. 소피앙이 진심인지, 내가 최근 몇 년을 어떻게 보냈는지 제대로 이해하고 있는지 확인하려 했다. 사실 툴루즈에서 만났을 때 나에 대해 모든 걸 이야기하지 않았기 때문이다. 소피앙이 겁을 먹을까 봐, 내가 정신과 치료를 받는 사실을 알게 되면 나를 신뢰하지 않고 다르게 볼까 봐 말이다. 엄마는 이번에 조금 더 긴 버전의 이야기를 들려주었다. 괴롭힘, 외부 세계에 대한 두려움, 학교 공포증, 남과 다르고 늘 스스로 어긋나 있어 혼자라고 느끼는 감정에 대해 이야기했다. 소피앙은 가만히 듣고만 있었다. 엄마가 이야기를 마치자 소피앙은 내가 클레망과 곡을 여러 개 만들어 함께 작업한 후에 음반사들과 접촉해 보고 그중 한 곳과 계약을 하자고 했다. 소피앙은 부바가 주최하는 콘테스트에 대해서도 이야기했다. 우승

자는 '위 러브 그린 페스티벌' 무대에서 부바와 함께 「Arc-en-ciel」을 부를 수 있다고 했다.

소피앙은 잠시 혼자만의 생각 속에서 부유하는 듯하더니 내게 말했다.

- 테싸, 네가 영미권 아티스트의 노래를 주로 듣는 걸로 아는데, 여기서 영어로 가사를 써서 주목받기는 매우 어려워.
- 하지만 저는 프랑스어로 곡을 써본 적이 한 번도 없어요. 그러고 싶었던 적이 없어요.

내가 답했다.

- 그렇구나. 그래서 내가 오늘 네게 이야기하는 거야. 나는 너를 정말로 믿어. 네가 프랑스어로 가사를 쓸 수 있다고 생각해. 내가 도와줄게. 어렵겠지만 2년, 3년 뒤가 아닌 지금 결정을 내려야 해. 너는 프랑스 가수로 알려져야 해.

영어로 곡을 쓸 때면 나는 더 과감해진다. 우선 부모님이 가사를 이해하지 못하기 때문에 부모님께 충격을 주지 않으면서 좀 더 진심을 담아 나를 표현할 수 있다. 작사는 곧 내게 카타르시스였기에 내가 쓰는 가사는 어두웠다. 안 좋은 기억과 연결되어 있는 나의 모국어를 쓰면서도 그렇게 진심일 수 있을지 의문이었다. 오헬산과 그항주 말고는 프랑스 아티스트의 음악을 거의 듣지 않았다. 내게 프랑스어란 학교에서 발자크나 졸라, 모파상을 읽으며 배운 고전문학의 언어였다. 하지만 나는 소피앙을 믿었다. 노력하면 나도 할 수 있으리라.

소피앙과 헤어지며 그의 제안을 생각해 보겠다고 말했다. 처음 며칠 동안 나는 굳어 버렸다. 모든 아이디어가 영어로 떠올랐고, 프랑스어로 쓴 가사는 우스꽝스러워 손을 놓아 버렸다. 내가 쓴 가사가 부끄러웠고, 비웃음거리가 되지는 않을까 걱정되었다. 프랑스어로 써보려고 했지만 실독증 때문에 단어나 알파벳, 표현을 뒤섞어 버릴지도 모르고, 아무 의미도 없는 말이 될지도 모른다는 생각에 짓눌리고 말았다.

사기가 떨어져 버린 나는 결국 소피앙에게 못하겠다는 메시지를 보냈다. 소피앙은 두 가지 제안을 해왔다. 첫 번째는 내가 적은 글을 그와 같이 번역하고, 번역된 글을 어떻게 바꿀지 소피앙이 알려 주는 것이고, 두 번째는 프랑스 노래를 더 많이 듣는 것이었다. 내 영감의 원천이 영어로 된 곡에 한정된다면 가사를 쓰다가 막히는 건 당연했다. 다른 참고 자료와 기준이 필요했다. 소피앙은 매니저가 되기 전 두 그룹에 속해 있었는데, 그중 하나가 그가 기타리스트이자 작사가로 활동했던 그랑빌이었다. 나는 소피앙이 쓴 가사를 모두 모아 하나하나 분석했다. 그의 가사를 읽으면 읽을수록 가사의 흐름을 이해할 수 있었고 마음에 더 와 닿았다. 그가 감정을 표현하는 방식에 감탄했고, 그런 그를 본받고자 했다.

또 새로운 아티스트의 음악을 들으며 이제까지 알지 못했던 세계를 발견하기 시작했다. 앙젤, 롬팔, 오헬산의 모든 곡을 반복해 들었고, 프랑스어로도 좋은 곡을 만들 수 있다는 사실을 받아들이기 시작했다. 어렴풋이 알고 있던 담소와 부바의 어반 뮤직도 자주 들었다.

소피앙과는 몇 주 동안 긴밀히 연락을 주고받았다. 그는 나를 온전히 지지해 주었다. 우리 관계는 이전과는 달라져 있었다. 어떻게 설명해야 할지 모르겠지만 소피앙과 함께라면 자신이 있었다. 확실하게 말할 수 있는 건 내 앞에 있는 이 사람이 나를 신경 써주고 존중해 준다는 점이다. 언어의 장벽을 넘어서자 영감이 떠올랐고, 그 흐름에 나를 맡기기만 하면 그만이었다.

"

콘서트를 앞둔 몇 주 동안
엄마와 파리를 오가며
음반사 사람들을 만났다.
성급한 결정을 내리고 싶지 않았다.
사람을 만나는 게 내게는
가장 중요한 일이었다.
불안 가득했던 시기를 보내며
사람과의 만남이
가장 중요하다는 사실을 깨달았다. "

12

뒤늦게 프랑스어로 곡 쓰는 법을 익히는 데 정신이 팔려 바칼로레아 준비에 소홀했다. 시험이 두 달 앞으로 다가왔는 데 준비가 전혀 되어 있지 않았다. 여전히 병원에서 수업을 들으며 진도를 나가고는 있었지만 집에서는 CNED 교재를 건드리지도 않았다. 소피앙과 음악 작업을 하면 할수록 시험 을 치르기 좋은 타이밍이 아니라는 생각이 들었다. 내 인생 에 근본적인 변화가 일고 있는 게 느껴졌고, 이 기회를 놓치 고 싶지 않았다. 대학교를 갈 생각이 없는데 엄청난 정신적 에너지를 요하는 학위를 따서 얻는 게 무엇일까.

이러한 생각이 머릿속에 가득했지만 부모님께 직접적으로

말할 엄두가 나지 않았다. 부모님에게는 너무나 중요한 문제였으므로. 나는 올해가 시험을 치를 적기가 아닐지도 모른다는 말을 하기에 앞서 1월부터 부모님에게 넌지시 신호를 보내기 시작했다. 엄마는 나의 의견을 들어주고 내 편에 서줄 것 같았다. 아빠와 나를 담당하는 병원 치료팀을 설득할 일만 남았다. 흘레 세레나에서 학교 공포증을 앓는 학생을 맡을 때는 그 학생이 바칼로레아를 보고 다시 학업을 이어 나가도록 하는 데 초점을 맞춘다. 병원 입장에서는 내가 시험에 통과할 만한 실력을 갖췄음에도 고등학교 졸업 학위를 따지 않는다는 건 그들이 실패했다는 증거가 되는 셈이다.

소피앙과 다시 연락이 닿으면서 모든 일이 매우 빠르게 진행되었다. 우리는 2017년 말 멈춰 버린 그 순간에서부터 모든 걸 다시 시작했다. 소피앙, 클레망과 함께 여러 곡을 작업했고, 소피앙은 음반사 여럿에 연락을 취해 나의 음반 프로젝트를 소개했다. 그리고 나는 위 러브 그린 페스티벌을 맞아 열리는 부바의 콘테스트에 참가하기로 결심했다.

콘테스트에서 선발되기 위해서는 「Arc-en-ciel」을 커버해야 한다. 클레망이 원곡을 편곡했고, 우리는 내가 조금 더 편하게 부를 수 있는 키로 수정했다. 거기에 나의 코러스를 더한 뒤 SNS에 업로드했다. 사람들의 관심을 끌기를, 사람들 눈에 띄기를 바랐다. 그렇게 된다면 내가 가수로서 가능성이 있다는 걸 확인할 수 있을 터였다. 또 이번에는 진지하다고, 전력을 기울여야 할 때라고, 물론 나 자신을 지켜야 하는 것도 맞지만 나의 열정을 발휘할 수 있는 혹시 모를 유일한 기회를 놓칠 수는 없다고 부모님과 상담 선생님을 설득할 수 있을지도 모를 일이었다. 소피앙과 다시 연락을 하고 있다고 상담 선생님에게 말했지만 선생님의 반응은 내가 기대하던 그것과는 거리가 있었다. 선생님은 경고했다. 또 다른 실망은 나를 매우 약하게 만들고 지금까지 쏟은 노력을 물거품으로 만들 수 있다고.

소피앙에게 전화가 왔다. 부바 쪽의 연락을 받았는데 수백 명의 후보 중 내가 뽑혔단다. 나는 자리에 앉아 호흡을 가다듬었다. 내가 자랑스러웠고, 기쁘면서도 모든 걸 취소해 버리고 싶기도 했다. 수십 명 관중을 앞에 두고 공연을 한 경험이 몇 번 있기는 했지만, 이번에는 수만 명 앞에 서야 한다.

무대에 서기 전까지 내 몸이 어떤 반응을 보일지 알 수 없는 노릇인데, 어쨌든 그때가 되면 이미 되돌리기에는 너무 늦은 시점이 되는 것이 최악이라면 최악이었다. 하지만 이런 기회는 두 번 다시 주어지지 않는다. 부바와 함께 노래하는 건 말도 안 되는 일이다. 실감이 나지 않았다. 학교에 알려지면 다들 뭐라고 할까. 분명 나는 고1 때보다 더 유명해지겠지, 더는 학교에 다니지 않지만.

이후로 모든 게 분명해졌다. 위 러브 그린 페스티벌 공연을 준비하면서, 음반사와 만나는 동시에 바칼로레아까지 준비할 수는 없다. 선택을 해야 했다. 사실 나는 이미 오래전 결정을 내렸고, 이제 그 결정을 알릴 일만 남았다.

엄마는 곧 이해해 주셨다. 나를 품에 안으며 아빠에게 말했다. "바칼로레아는 내년에도 볼 수 있잖아. 부바와 공연하고, 음반사를 직접 만나는 건 인생에서 단 한 번뿐인 일일 거야." 아빠는 어떤 말도 듣고 싶어 하지 않았다. 며칠 동안 그와 관련된 이야기는 일절 하지 않으려 했다. 어느 날 저녁, 소피앙이 아빠에게 전화를 걸어 왔다. 통화는 한 시간 넘게 이어졌는데 소피앙이 아빠에게 정확히 뭐라고 했는지는 모르지만 통화를 끝낸 아빠의 생각은 어느새 바뀌어 있었다.

콘서트를 앞둔 몇 주 동안 엄마와 파리를 오가며 음반사 사람들을 만났다. 성급한 결정을 내리고 싶지 않았다. 사람을 만나는 게 내게는 가장 중요한 일이었다. 불안 가득했던 시기를 보내며 사람과의 만남이 가장 중요하다는 사실을 깨달았다. 내가 편안하다고 느끼지 못하면 불안과 공포가 엄습해 온다. 몸을 괴롭히지 않으면서 내 머리로 선택을 내려야 한다. 나 자신을 믿고 싶었고, 그러기 위해 시간을 두고 결정을 내리고 싶었다.

소피앙, 클레망과 작업에 몰두했고, 위 러브 그린 페스티벌 직전에 첫 곡이 나왔다. 제목은 「La Luna(달月)」 내가 벗어던지려 애쓰지만 대부분의 시간 동안 쓰고 있는 사회적 가면에 대한 이야기다. 척하지 않으려는, 나 자신이 되고자 하는 노력을 담은 곡이다.

맞지 않는 가면을 쓰고, 그런 척하는 데 하루하루를 보내.

5월 30일, 「La Luna」가 발매됐다. 위 러브 그린 페스티벌 전날, 부모님, 소피앙과 파리에 왔다. 모든 감정, 특히 기쁨과 스트레스가 나를 훑고 지나갔다. 부모님과 소피앙을 실망시키게 될까 두려웠다. 소피앙이 스트리밍 플랫폼에서 「La Luna」의 반응이 좋다고 알려 주니 그제야 마음이 놓였다.

그날 오후, 또 다른 콘테스트 우승자와 함께 음향 조율을 위해 부바를 만났다. 나는 극도로 겁을 먹었다. 무대에 올라가니 내 앞에 닥친 게 보통 일이 아니라는 사실이 피부에 와 닿았다. 내일은 완전히 다른 풍경일 것이다. 수많은 관객을 앞에 두고 있을 테니. 맥박이 빨라지고 잠시간 시야가 흐려졌다. 옆에 있는 소피앙을 흘깃 보니 주먹을 쥐고 내게 미소를 짓고 있다. 나 역시 싱긋 웃어 보였고, 상상 속 관객에게 인사를 건넸다.

2019년 6월, 바칼로레아를 보는 대신 4만 관객 앞에서 노래를 불렀다. 학위는 없었지만 내게는 가장 아름다운 성과였다. 이 자리에 오기까지 내가 겪어야 했던 일들을 반추해 본다. 수백 번의 불안발작, 병원에서 보낸 수많은 시간, 수천 일 동안 방 안에 처박혀 녹음한 많고 많은 커버 곡들. 학교를 그만두고 인생의 이 시기를 마무리 짓기에 이보다 더 좋은 방법은 없었을 것이다.

공연 당일 저녁, 내 차례를 앞두고 있을 때였다. 소피앙은 답장을 하지 못했던 몇 달 동안 엄마가 그에게 연락을 취하려 했다는 사실을 알려 주었다. 소피앙은 엄마가 보낸 메시지를 한참 뒤에야 읽었는데 내가 차마 그에게 하지 못했던 말들이었다. 이 사실을 미리 알았다면 나는 창피해서 죽어 버렸을지도 모른다. 하지만 결과적으로 모든 일이 잘 마무리 된 덕에 그 날 저녁 웃어넘길 수 있었다. 부모님과 지난 몇 년 간 나를 믿어 준 모든 분들이 있었기에 나는 그 자리에 설 수 있었다. 수많은 폭력, 악의적인 언행, 무관심과 마주해야 했지만 특별한 사람들의 응원을 받는 행운을 누렸다.

2019년 6월 1일 무대에 섰을 때 나는 관객이 있는 풍경에 매혹되고 말았다. 그토록 아름다운 것을 여태껏 본 일이 없다. 끔찍하고 흉악한 모습일 거라고 상상했는데, 웬걸 근사했다. 순간 목소리가 목에 걸린 것 같았지만 아드레날린의 도움으로 다시 호흡을 정리했고, 모든 긴장을 훌훌 털어 버렸다. 노래를 부르기 시작하자 사람들은 나와 함께 했고 나를 지탱해 주었다. 뭐라 설명할 길이 없는 에너지가 느껴졌다. 내 안에는 일말의 불안도 남아 있지 않았다. 나는 천천히 눈앞에 있는 모든 풍경을 내 안에 담았다. 무대와 관객, 그리고 어둠 속에서 반짝이는 작은 점들 하나하나까지. 평생 이 순간을 기억할 것이다.

2021년 6월

2년이 흘렀다. 나는 차를 타고 부모님과 파리로 향하고 있다. 트렁크에 가방 몇 개를 싣고서 이른 아침 마르세유를 떠났다. 우리 가족, 세 마리 강아지, 아파트 단지, 어린 시절을 보낸 동네, 그리고 오랜 시간 내 유일한 피난처였던 나의 방을 뒤로했다. 내 인생의 한 장 넘길 때가 되었고, 나는 마르세유에 안녕을 고했다.

북쪽으로 나아갈수록 내게서 멀어지는 생트 빅투아르 산을 뒷자리에서 바라본다. 나는 내가 나고 자란 이 지역을 잘 알지 못한다. 불안이 자주 나를 동네 밖으로 나가지 못하게 막았기 때문이다. 고등학교 때부터 내가 거쳐 온 모든 여정을, 나를 우울증에서 조금 더 멀어지게 하는 동시에 꿈에 다가가게 했던 모든 과정을 일일이 떠올려 본다. 나는 음반사한 곳과 계약을 맺고 첫 앨범을 준비 중인데 작업에 집중하기 위해 파리로 올라가는 길이다.

내가 가수가 되고자 했던 건 어린 시절과 내가 버림받았다고 느끼던 학교에 작별을 고하기 위함이기도 했다. 어렸을 때부터 겪은 모든 정신질환 문제를 넘어설 수 있는 방법이었다. '위 러브 그린 페스티벌' 무대에 서고 나의 정신질환 문제에 대해 언급한 뒤로 이 이야기를 이토록 많이 했던 적이 없다. 경연에 참가하며 이전에는 상상도 할 수 없었던 미디어의 관심을 받았고, 나는 첫 인터뷰에서부터 정신 건강 이야기를 꺼내게 되었다. 계산된 행동이 아닌 그저 나의 일상이자 일부였으며, 누군가 내게 자기소개를 부탁하면 자연스레 튀어나오는 주제였다. 사실 나의 불안에 대해 말하기보다는 경고를 하고 싶었던 것이다. 조심하세요, 저는 늘 불안에 떨고 있어요. 미리 경고해 두고 싶어요. 제 몸이 제게 무슨 짓을 할지 모르거든요.

2019년 여름에 발매한 두 번째 곡 「Capiche?(이해했어?)」에는 친구들에게 버림받았던 감정을 담았다. 나의 연약함과 그 연약함이 나를 어떻게 단단하게 만들어 줬는지에 대한 이야기다. 모르는 이들로부터 공감과 고맙다는 메시지를 많이 받은 곡이다. 음악은 늘 나를 치료해 준다. 나는 음악을 통해 슬픔과 절망을 표출하고 위안을 얻는다. 몇몇 사람들과는 다르게 음악은 절대 나를 실망시키지 않는다. 나를 기분 좋게 하는 것이 다른 사람들까지도 기분 좋게 만들어 준다는 사실을 깨닫고는 매우 놀랐다. 처음으로 괴롭힘과 학교 공포증에 대해 이야기했을 때 그렇게 많은 메시지를 받고 많은 경험담을 듣게 되리라고는 생각지도 못했다. 내가 겪은 것만큼 암울한 시기를 보내고 있다면 마치 이 세상에 나 혼자 남겨졌다는 생각이 들 것이다. 그 생각만으로도 고통은 한층 더 무거워진다. 주위 사람들이 행복하고 밝아 보일수록 나만이 사회부적응자인 것만 같다. 하지만 전혀 그렇지 않다. 거의 모든 사람이 한번쯤은 심리적으로 어려운 상황에 놓인다. 나는 우리가 이 주제를 보다 자유롭게 이야기하게 되기를 바란다. 오늘에야 확실히 말할 수 있는 게 하나 있다면 말로써 치유가 가능하다는 점이다. 그리고 공개적으로 발언한 내용이라면 그 말에 대한 책임 또한 져야 한다고 생각한다.

나는 내 말에 책임을 지고자 2020년 봄 첫 격리에 들어가면서 아드비탐Advitam 실험을 시작했다. 우선 원하는 사람들에 한해 대개는 고통스러운, 개인적인 추억을 공유해 달라고 했다. 나는 그중 몇 가지 사연을 골라 그들이 좋아하는 아티스트의 스타일로 노래를 만들었다. 사람들이 보낸 수많은 메시지가 나를 당황스럽게 했다. 사람들은 글에 녹인 나의 진심, 내게 귀 기울이는 이들에게 건넨 말에 담긴 진심을 보고 자신의 이야기를 털어놓았다. 먼저 나에게, 그리고 자신의 가족에게. 치료로 이어지는 유일한 길은 소통이라 믿었기에 기뻤다. 나는 SNS에 정신 건강에 대한 정보를 올리고 있다. 정신 건강 문제를 겪는 모든 사람을 돕기 위해 계속할 생각이다. 나는 내가 겪는 일을 결코 숨길 수가 없다. 내 몸이 항상 맹렬한 반응을 보여 주기 때문이다. 하지만 이 고통스러운 경험에 기인한 불편한 감정을 묻어 두는 것, 주변 사람들이 그 존재를 알아차리지 못할 정도로 꼭꼭 감추는 것은 훨씬 더 위험하다는 것을 알게 되었다. 침묵의 결과는 내가 겪은 것보다 더 폭력적인 형태로 나타날 수 있다. 이제는 확신

한다. 오랫동안 나의 약점이던 불안발작이 결국 내게는 기회이자 힘이 되었다는 것을.

위 러브 그린 페스티벌 공연이 끝난 뒤에도 나는 작업을 이어 나갔다. 많은 곡을 쓰고 녹음하고, 공연도 하면서 프로모션도 진행했다. 내게 벌어지고 있는 일에 대해 생각해 볼 짬이 거의 없었다. 바칼로레아를 보지 않겠다고 결심하고는 2019년 6월부터 흘레 세레나에 더는 나가지 않았고 상담도 하지 않았다. 고등학교 시절은 이미 지나간 시간이라고 여겼다. 괴롭힘, 공포증, 우울증 역시. 2020년 3월, 모두에게 그러했듯 할 일 없이 집에 혼자 있게 된 일은 내게 충격으로 다가왔다. 완전히 나았다고 믿었건만 과거는 흔적을 남긴다는 걸 알았다.

나는 긴 시간 괴롭힘을 당했던 터라 건강한 인간관계가 어떤 것인지 잘 알지 못한다. 일을 하는 현장에서 인간관계를 익히다 보면 이제 와서 뒤늦게 배운다는 게 고통스럽기도 하다. 대개 고등학교를 다니며 얻는 감정적, 관계적 측면의 성숙이 내게는 대부분의 청소년들보다 매우 늦게 찾아왔다. 몇 달 동안 고립된 채 지내면서 내가 과거 몰아냈던 부정적인 생각이 다시금 떠오르기 시작했다. 세상과 소통하던 습관을 잃어버렸고, 사람들과 교류하는 법을 잊고 말았다. 어릴 적 모두가 습득하는 사회적인 규범이 내게는 충분히 뚜렷하게 새겨지지 않았음을 지속적으로 깨닫는다. 나는 이 모든 이야기를 첫 번째 앨범에서 들려주고 싶었다. '잘 지내'와 '잘 지내지 못해' 사이에 우리가 말하지 않는 수천 가지의 뉘앙스가 존재한다. 우리는 살면서 하나의 뉘앙스에서 또 다른 뉘앙스로 옮겨 다닌다. 잘 지내지 못하다가도 다시 잘 지낼 수 있고, 잘 지내다가도 어느 날 다시 잘 지내게 되지 못할 수도 있다는 말이다. 별일 아니다. 그런 게 인생일 뿐. 사람들이 내 이야기를 듣고 말로 해서 잃을 것은 아무것도 없다는 사실을 기억했으면 한다. 아마 친구 몇 명을 잃을지도 모른다. 하지만 진짜 친구를 잃지는 않을 것이다. 잘 지내지 못한다는 말이 나약함으로 여겨져서는 안 된다. 도움이 필요하다고 인정하는 것보다 더 용기 있는 일은 없다.

코로나로 인한 격리는 청소년의 정신 건강을 주요 이슈로 만드는 극적인 결과를 낳았지만 이는 코로나로 발생한 문제가 아니며, 방역 규제가 끝나고 청소년들이 학교로 돌아간다고 해서 기적적으로 사라지지는 않을 터다. 우리가 교육이나 성공과 맺고 있는 관계에 변화를 주면 모두에게 이로우리라. 교실에서 우리는 감각에 반하는 모든 것을 허용한다. 어떻게 신체를 부정하고 욕구나 감수성, 연약함이 없는 학생이야말로 완벽한 학생이라는 생각에 이르렀을까? 이처럼 일정한 틀에 맞춘다고 해서 밝고 자유롭고 관용을 지닌 어른이 된다고 생각지는 않는다. 연약함을 위장함으로써 더 강해진다고 보지도 않는다. 오히려 그 반대일 것이다.

빛줄기 하나 들어오지 않던 시간에 대해 이야기한 건 내가 그 시기를 지나왔고, 이제는 그런 장소에서 벗어날 수 있다는 걸 알고, 누구나 도움을 받을 수 있다고 말하기 위해서다. 정신 건강이 더 이상 다른 사람들과 나를 가르는 사회적 잣대가 되지 않기를 바라기 때문이다. 늘 불안에 떠는 사람들, 공포를 느끼는 사람들, 소심한 사람들, 쉽게 상처받는 이들이 더 이상 숨을 필요가 없게 되기를 바라기 때문이다. 내가 노래를 하는 한 나는 계속해서 목소리를 낼 것이다.

감사의 말

　학교에서 힘겨운 시간을 보낸 제게 중재자로서 말과 음악, 특히 친절한 마음으로 저의 고통을 덜어 주려 애쓴 모든 선생님들께 감사드립니다. 안타깝게도 우리 곁을 너무 일찍 떠난 선생님 한 분을 떠올립니다. 그분은 학교에 마음을 붙이고 희망을 가질 수 있도록 많은 학생을 도와주셨습니다. 선생님을 절대 잊지 않을 겁니다. 저를 돌봐 주고 진심으로 대해 준 병원의 모든 직원 분들께 처음으로 감사 인사를 드립니다. 교육 전문가, 선생님, 환자 여러분 그리고 의사 선생님, 정말 감사합니다. 제 곁을 지키고, 힘을 주고, 정신적인 지지를 보내 주셔서 감사합니다. 당신들은 대단한 일, 생명을 구하는 일을 하는 분입니다.

제가 음악적 능력에 자신감을 갖도록 이 일을 해내기 전부터 저를 믿어 준 벨렘과 와그램 팀 모두에 마음 깊이 감사의 말을 전합니다. 2년 전부터 지금까지 저와 쭉 함께 해주고 서로 보듬는 가족처럼 단순한 레이블 그 이상이 되어 준 것에 감사드립니다.

그리고 소피앙에게 큰 감사를 전합니다. 당신은 2017년부터 지금까지 나와 함께였습니다!

제게 창작에 대한 투지를, 또 영감을 불어넣어 주었습니다. 오랜 시간 그랬듯 저를 믿어 주었습니다. 제가 가능성을 펼칠 수 있도록, 어떤 상황에서든 제가 잘 지내고 있는지 지켜봐 주었습니다. 제가 되고자 하는 모습으로 살 수 있으며, 살아 있음을, 행복을 느끼기 위해 반드시 따라야 할 공식은 없다는 사실을 깨닫도록 도와주어 고맙습니다.

끝으로 가족과 친구들에게 가장 큰 감사를 전합니다. 두려움에 꺾여 여러분을 지나칠 수밖에 없었지만 그럼에도 여러분 그 누구도 저를 놓지 않았습니다. 우리는 모두 각자의 목표에 이르기 위해 싸웠고, 이제는 한 명 한 명이 일상 속 저의 다른 투쟁에 저마다 다른 방식으로 영감을 주고 있습니다. 제가 필요로 할 때마다 제게 사랑과 힘을 보태 주어 고맙습니다. 경청하고 조언을 아끼지 않은 점 감사드립니다. 여러분이 여러분이어서 감사합니다. 당신들은 정말 멋진 분들입니다.

덧붙이는 말

라엘리아 브누아(정신의학박사)

수천 명의 프랑스 아이들과 청소년들이 침묵 속에서 느끼고 있는 바를 테싸가 큰 목소리로 말해 주니 얼마나 다행인지 모른다. 음악 경력을 쌓아 가기 시작한 시점에 목소리를 내기로 한 그녀는 용감하다. 자신의 정신 건강을 이야기하기 위해 커리어가 잘 자리 잡기를 바라는 아티스트가 몇이나 되겠는가. 테싸는 이미 지나간 어려움뿐만 아니라 현재 겪고 있는 불안을 진솔하게 털어놓는다. '우리는 젊고, 재능 있고, 희망으로 가득 차 있지만 잘 지내지 못할 수도 있다. 꿈을 포기하지 않고 온 힘을 다해 노력하지만 도움이 필요할 때도 있다. 우리가 연약함을 공유하면 그들이 혼자가 아니라는 걸

199

보여 줄 수 있다.' 테싸의 메시지는 강력하다.

현재 프랑스 학생의 2퍼센트가 학교 공포증을 앓는 것으로 추정된다. 평균적으로 세 개 학급당 한 명 이상의 아이가 학교 공포증을 겪고 있는 셈이다. 우리 모두 학교를 다니며 한 번쯤은 그런 친구와 마주쳤을 것이다. 그 아이의 고통을 눈치 채지 못했고, 그 아이의 얼굴을 기억하지 못하는 것뿐이다. 결석하는 아이들은 학교에서 금세 잊힌다. 학기 초에 보이던 친구가 몇 주 전부터 보이지 않게 돼도 바쁜 일상 속에서 일일이 떠올리기는 쉽지 않다. 우리가 잊어버린 그 친구가 어느 날 다시 시야에 들어와도 "너 어디 있었어?", '그동안 뭐 했니?' 같은 질문을 퍼붓기도 쉽지 않다. 종일 학교에서 함께 지내면서 특정 수업만 듣는 친구를 보면서 비교하지 않기도, 질투하지 않기도 어렵다.

프랑스에서는 테싸처럼 매년 수많은 아이들과 청소년들이 교실에서 '사라진다'. 처음에는 조심스럽게 무관심 속에서 사라지고, 그 후에는 잊히고 만다. 우울증, 괴롭힘으로 인한 외상성 정신 장애, 사회 공포증, 범불안장애 등 학교 공포증의 원인은 다양하다. 원인이 무엇이 되었든 아이들과 청소년들은 그 병을 앓고 있다. 이 아이들은 학교로 돌아갈 때마다 그들을 대하는 태도에 매우 민감해질 수밖에 없다. 때로는 지지를, 환영과 더불어 사랑받는다고 느끼지만 안타깝게도 자주 지나치게 민감한 질문을 받고, 비난과 모욕의 대상이 된다. 아이, 어른을 포함한 우리 모두가 어려운 시기를 겪는 이 아이들을 어떻게 대해야 할지 스스로 그 태도를 점검해 볼 필요가 있다.

직장 생활에서라면 어떨까. 질병 휴직 후 파트타임으로 복귀한 직원에게 질문과 비난을 퍼붓는 행위를 우리는 직장 내 괴롭힘이라고 부르지 않나. 어른의 세계에서는 상처를 잘 받는 직원이 괴롭힘을 당할 수 있다는 점을 알기에 그에 대한 보호 조치가 마련돼 있다. 회사에서 그의 편을 들어 주지 않는다 해도, 성인 직원은 (예를 들어 노동부에) 자신의 보호받을 권리가 침해받았다고 주장할 수 있다. 하지만 학교에는 정신 건강과 관련된 어려움에 노출된 학생들을 보호하고 지지하는 어떤 조치가 시행되고 있는가? 전무하다.

그 이유를 헤아려 보자면 여러 가지가 있겠다. 하나는 정신질환이 매우 흔하지만 여전히 이에 대한 이해가 제대로 이루어지지 못한 점, 다른 하나는 우리가 현실을 직시할 필요가 있는 부분으로, 많은 어른이 아이를, 아이의 말을 신뢰하지 않아서다. 아이는 어른보다 열등하다는 편견이 널리 퍼져 있다. '아동차별주의childism', 이를 지칭하는 용어도 있다. 성차별주의와 인종차별주의처럼 아동차별주의는 한 사람이 속한 범주에 근거해 편견에 기초한 판단을 내리는 일을 말한다. 아이와 어른을 동등하게 존중하지 않는다. 아이가 몸이 좋지 않다고 하면 우리는 아이의 말에 귀 기울이고 이해하려 애쓰기보다는 게으르다거나 거짓말을 한다고 꾸짖는다. 이러한 사실을 인지하고 아이들을 무시하는 행동을 멈추는 것이 중요하다. 젊은 세대가 기후 변화, 그리고 기후 변화로 말미암은 전 세계적인 영향과 마주해야 하는 이 시대에 아이들과 청소년들에게는 어느 때보다도 자신감이 필요하다. 앞선 세대는 그들이 용기를 갖고 인내할 수 있는 수단을 제공해야 한다. 어른들이 자신들의 잠재력과 노력에 격려를 보내기보다 줄곧 자신들을 낮추보는 환경에서 어떻게 아이들이 각자의 자질을 발전시킬 수 있겠는가.

테싸는 이 책에서 교육부터 감정, 신체감각에 이르기까지, 아이들의 행복 증진을 위한 화두를 던졌다. 학교 공포증을 앓는 대부분의 청소년처럼 그녀 역시 자신의 신체감각과 분리되는 경험을 했다. 실제로 이런 사람들은 자신의 몸이 건네는 메시지에 귀 기울여서는 안 된다고, 본인의 몸을 적이라고 여긴다. 신체와의 분리가 심한 나머지 이들은 모든 불편한 신체감각을 두려워하기에 이른다. 이럴 때는 어떻게 해야 할까? 신체를 진지하게 다루는 것에서부터 교육을 시작하면 된다. 고작 몇 시간인 체육 시간을 제외하면 학교에서 몸과 관련된 모든 것은 불편한 문제로 인식된다. 화장실에 가고 싶을 때, 배고플 때, 목마를 때, 움직이거나 달리고 싶을 때, 우리는 막 초등학생이 된 아이들에게 몸의 소리를 차단하고 자리에 가만히 앉아 있으라고 요구한다. 그 결과 아이들은 자신의 감정을 인식하고 몸의 신호를 해독하는 법을 제대로 배우지 못한다. 불안으로 야기되는 신체적인 불편, 두려움에 막혀 버린 호흡, 분노로 꽉 조여진 주먹과 턱, 창피함으로 얼굴에 오른 열, 불안함 때문에 흐르는 불쾌한 땀⋯⋯.

하지만 이 메시지들은 아름답다. 자연스럽고 건강하다.

몸이 우리에게 보내는 유용한 신호이며 모두가 느끼는 것이다. 몸의 원활한 기능을 위해 울음으로 슬픔을, 떨림과 오열로 두려움을, 외침 또는 신체적인 노력으로 분노를 배출해야 한다. 하지만 두려움, 분노, 창피함은 '부정적'인 감정으로 다뤄지고, 학생들은 이 감정들을 짓누르려 한다. 학교에서 두려운 감정은 표현되거나 배출될 여지조차 없는 것.

아이들에게 신체 언어를 가르치지 않는 건 학생들로 하여금 그들의 감정을 이해하는 법을 가르치지 않는 것과 같다. 학교에서 아이들이 배우는 한 가지는 몸은 거추장스럽고 규칙을 지키지 않는다는 것이다. 슬픔과 불안을 느끼는 힘든 시기에 접어들면 아이들은 몸이 자체적으로 보내는 경고 신호를 무시하기 위해 모든 노력을 기울인다. 몸의 메시지에 귀를 기울이지 않고 무시해 버린다. 따라서 학교 공포증을 앓는 아이들은 자신들이 배운 대로 행동하면서 사람들로 하여금 자신이 괜찮다는 생각을 하게 만든다. 그러다 한계에 다다르면 갑작스레 학교를 그만두고 만다. 힘에 부친 나머지 몸에 강요해 온 지속적인 역할 놀이—감정적, 관계적, 학업적 통제—를 포기할 수밖에 없는 것이다.

아이들을 위해 아이들이 그저 순수하지만은 않다는 사실을 받아들여야 할 때다. 여러 연구를 통해 감정을 잘 받아들이는 청소년이 중독 문제를 덜 겪는다는 사실이 확인되었다. 이유는 매우 간단하다. 신체와 단절되면 더 많은 노력을 기울여야 즐거움을 느낄 수 있기 때문이다. 스마트폰을 붙들고 있거나, 텔레비전을 보거나, 담배나 대마초를 피우거나, 아니면 충동적으로 음식을 섭취해야 한다.

어른에게는 집에서든 학교에서든 아이들이 자신의 몸을 사랑하고, 이해하고, 존중해야 하며, 다른 사람의 몸 역시 마찬가지로 존중해야 한다고 가르칠 책임이 있다. 이를 테면 아이들은 눈을 감고 모든 신체감각을 느끼는 명상을 하며 자신의 감정을 받아들이고 인지하는 법을 배울 수 있다. 명상은 몸의 소리를 부끄러워하지 않으면서 그대로 받아들이는 데도 도움이 된다. 허공 혹은 쿠션을 치면서 깡충깡충 뛰거나 기분을 푸는 역동적인 명상은, 타인에게도 본인에게도 해를 가하지 않으면서 분노를 표출하게끔 해준다.

내가 이제껏 만나 온 청소년들 역시 테싸와 동일한 방식으로 학교 공포증을 겪기 시작했다. 수업을 빼먹지 않기 위해 몇 달 동안 엄청난 노력을 기울이면서, 등교 전 매일 아침 구토를 하고 그럼에도 불구하고 안간힘을 쓰며 학교에 나가면서 학교 공포증은 시작된다. 무너져 버린 날에는 주위의 그 누구도 그 사실을 짐작하지 못한다. 어른에게는 갑작스러운 일이고, 그 문제에 대한 교육이 부족한 탓에 일부 어른은 아이의 증상을 악화시키는 말을 하기도 한다. "그럼 노력을 해! 나도 아침에 자고 싶어!", "그냥 스트레스를 받은 것뿐이야. 신경 쓸 것 없어.", "너, 계속 그렇게 하면 음악 못 하게 할 거야." 결국 아이들은 이해받지 못한 채 잘 지내지 못한다는 이유로 벌을 받는다.

아직 학교 공포증이 충분히 관리되고 있지는 않지만 학교 공포증을 이해하기 위한 교육이 교육부 내 전문가를 대상으로 점차 확대되고 있다. 학교 공포증은 학교만의 잘못도 아니다. 학교 공포증을 해결하기 위해서는 모든 관점에서 문제를 살펴봐야 한다. 교육계 종사자의 업무는 매년 과중해지는 추세고 수업 수는 여전히 많다. 반면 그들은 인정받지 못하고 있으며, 보수는 매력적인 수준이 아니게 된 지 오래다. 선생님들 역시 연달아 수업을 하고 여러 기관을 상대하다 보면 때때로 자신의 몸과 마음이 분리되는 경험을 할 것이다.

교육은 우리의 가장 소중한 자산이다. 우리 사회는 좋은 선생님을 배출하고 선생님이 자신의 일을 최선을 다해 수행할 수 있도록 조력을 아끼지 않아야 한다. 프랑스 정부는 수십 년째 그런 선택을 피해 왔다. 이는 곧바로 학력 수준과 학생의 행복에 영향을 미쳤고, 다른 나라와 교육의 질을 비교하는 국제 순위에서, 특히 국제학업성취도평가PISA에서 프랑스의 순위는 곤두박질쳤다. 학교와 교원이 냉대를 받았으며, 우리 아이들이 마땅히 받아야 할 교육을 제대로 받지 못했다는 사실이 이로써 명확해졌다.

하지만 충분히 이해한다. 압박감이 커질수록 학교 선생님들은 학생들이 그들의 고통에 무게를 더하지 않기를 바란다. 학생들 모두가 신중히 행동하고, 그 누구도 문제를 일으키지 않기를 바랄 것이다. 함께 일했던 선생님, 생활지도 부장 선생님, 교장 선생님 들은 모두의 기대를 충족시키지 못할까봐 두렵다는 이야기를 들려주곤 했다. 학교는 '학생 개개인에 따른 대응'을 해야 한다는 강박을 만들어 다른 학생들의 질투심을 유발한 여지를 만든다. 관심을 받으려는 아이들의 끊이지 않는 요구에 정신 못 차리는 부모처럼 행동한다. 선생님 한 사람이 맡는 학생은 둘이나 셋, 넷 혹은 다섯이 아닌 대개 30여 명에 가깝기 때문에 어쩔 도리가 없다. 선생님들은 또한 평등과 재능이라는 공화국의 학교 기본 이념에 반하게 되지는 않을까 우려한다. 모두를 돕는 건 불가능하기에 때로는 아무도 돕지 않는 쪽을 택하고, 부모가 자신의 아이를 선처해 달라고 요청하는 아이들에 한해 도움을 주기도 한다. 따라서 교원 일부는 학교 공포증임에도 다시 학교에 다니려는 아이를 위해 느슨한 시간표를 요구하는 부모와 의사를 무시하고 싶은 유혹에 빠지기도 한다. 물론 지나친 요구를 하는 사람들도 있다. 몇몇 부모는 아이를 위한다며 교칙을 교묘히 피해 가려 하기도 한다. 그런 경우가 없다고 하는 건 너무 순진한 발상이다. 하지만 그보다는 부모와 아이들에 대한 학교의 불신이 과도하고, 그로 인해 학교 공포증을 앓는 수많은 아이들이 수정된 시간표에 따라 다시 학교생활을 하지 못하게 되는 경우가 더 많다.

학교생활과 관련해 좋지 않은 기억을 가진 학부모가 적지 않다. 그들이 학생일 때 선생님한테 구박받았던 기억 때문에 학교가 변했다는 사실을 여전히 인지하지 못하고 있다. 때문에 몇몇 부모는 오늘날 많은 선생님이 학생의 행복을 위해 매우 세심한 관심을 기울이고 있으며, 선생님이야말로 자신의 아이에게 도움을 주는 같은 편이라는 사실을 모르고 선생님을 무례하게 대하기도 한다. 신뢰가 형성되어 있지 않으니 한쪽에서 부모는 여러 요구를 하고, 다른 쪽에서 교원은 자신을 보호하고 거리를 유지하려 한다. 얼마나 안타까운 일인가! '아이 하나를 키우는 데 온 마을이 필요하다'는 말이 있지 않나. 학교라는 마을은 공동체 전체가 모이는 만남의 장소지만 다수를 위한 교육 과정이 정착되면서 그 역할—선생님의 업무 부담 역시!—이 축소되었다. 해결책을 찾은 학교도 있다. 바로 개학과 동시에 교원과 학부모가 서로를 알아 가는 친근한 분위기의 자리를 만든 것이다. 대화를 나누고 합심하여 노력하는 루틴이 확립되면 어려움을 겪는 아이를 돕는 일이 훨씬 수월해진다. 메종 드 솔렌(파리 소재 청소년 전담 치료 및 상담 기관—옮긴이)의 청소년들, 그들의 가족과 시간을 보내면서 교원과 부모, 의료 전문가가 서로를 믿고 손을 맞잡으면 학교 공포증을 겪는 아이들이 보다 빨리 학교로 돌아갈 수 있다는 사실을 알 수 있었다. 테싸의 경우 수업을 들으러 가지 못할 때도 자신의 음악 열정을 응원해 준 선생님들에게 애정을 보여 주지 않았나. 아이를 위해 어른들이 함께 이야기를 나누고 서로를 믿어 줄 때가 아닌가 한다. 우리 모두가 아이들이 아름다운 미래를 꾸려 나가도록 돕기를 바라고 있는 만큼.

학교 공포증에 대한 이야기를 들려주며 테싸는 많은 청소년이 겪는 고통을 드러낼 수 있는 장을 만들어 주었다. 괴롭힘, 지나치게 흔한 사고가 된 성폭력, 학업 압박 등. 알맞은 나이에 좋은 반에서 절대 유급하지 않기. 좋은 고등학교, 좋은 과목을 서둘러 선택하고, 바칼로레아를 치르고, 공부하기. 이 모든 게 무엇을 위해 필요한가? 이러한 압력은 프랑스 특유의 것이다. 다른 많은 나라에서는 일을 하는 '현장에서' 능력을 발휘하는 데 무게를 두지만 프랑스라는 사회는 학위에 지나치게 높은 가치를 부여한다. 학교생활은 학생들을 분류하고 선발하는 데 초점이 맞춰져 있고, 이는 결국 학생들이 전공을 선택해 줄곧 이야기한 그 학위를 따게 하는 데 목적이 있다. 한번 정해지면 되돌리기 어려운 학생들의 진로는 몇 년이라는 한정된 기간(중학교 4학년 때부터 고등학교 졸업 때까지, 총 4년) 동안 연속적으로 결정된다. 다른 나라, 특히 북유럽 국가의 경우 학생들이 자신의 속도에 맞춰 과목을 정하는 선택권을 가진다.

그렇다면 어떻게 학업 압력을 줄이고 아이들을 도울 수 있을까? 부모는 아이들에게 성공의 길이 꼭 학교를 통해야 하는 것만은 아니라고 상기시켜 주어야 한다. 인생에는 성공만이 아닌 수많은 실패가 있음을 설명해 주어야 한다. 실패는 별 게 아니다. 오히려 도움이 된다! 실패를 통해 배우고 다음에 더 잘할 수 있는 것이다. 고용주는 학위는 없어도 근면 성실한 지원자에게 기회를 줌으로써 학위에 대한 프랑스인의 생각을 뒤집는 방식으로 청소년을 도울 수 있다. 교육 전문가는 학생들이 나이를 더 먹더라도 교과 과정을 밟던 중 사정상 학업을 중단하거나 다른 전공을 선택한 이후에도 다시 학업을 이어 나갈 기회를 제공해 아이들에게 신뢰를 줄 수 있다. 이러한 사례를 보며 학생들은 어려운 일을 겪고도 다시 일어날 수 있다는 믿음을 갖게 될 것이다. 그들의 행복과 정신 건강은 개선될 수밖에 없을 것이다.

테싸는 의료 전문가가 제공할 수 있는 모든 수단에 대해 이야기해 주었다. 나는 의사이자 아동 정신의학자로 심리 상담사, 간호사, 전문 교원과 함께 학교 공포증을 앓는 아이들을 만난다. 메종 드 솔렌에서는 개인별 맞춤 정신 치료, 가족 치료, 명상, 낮 병동 프로그램(음악, 그림, 라디오, 방송, 재봉, 정신 운동성, 스포츠, 연극 등)을 통해 아이들에게 다시 자신감을 심어 준다. 낮 병동은 소규모 단위로 청소년을 돌보는 곳으로 학교와 비교할 때 아이들보다 어른이 훨씬 많다. 프로그램에 참여하며 아이들은 자신의 손, 몸 그리고 상상력으로 직접 무엇을 만들어 내는 기쁨을 되찾는다. 자신과 타인에 대한 믿음을 되찾는 것이 중요하다. 학교 공포증의 원인에 따라 아동 정신의학자는 종종 약을 처방할 수도 있지만 무조건적으로 처방하지는 않는다. 프랑스의 모든 대도시에는 테싸가 다닌 곳과 같은 기관이 여럿 있다. 해당 기관들은 가능한 한 학교와 최대한 협력한다.

테싸는 중요한 것을 깨달았다. '불안을 표현하지 않을 때가 가장 위험하다'는. 주변으로부터 감추고, 묻어 둘 때가, 그 누구도 그 사실을 의심하지 못할 때가 가장 위험하다. 만약 불안을 느낀다면 말로 표현하고, 나아지기 위해 두 팔 벌려 이를 받아들이자. 혼자 애쓰지 말고 도움을 청하자. 우리는 함께일 때 더 강하다.

라엘리아 브누아는 프랑스의 아동 정신의학자이자 국립보건의학 연구소Inserm 소속 연구원이다. 의학과 사회학을 전공한 뒤 파리의 메종 드 솔렌에서 일했다. 학교 공포증 협회 학부모, 프랑스 교육부 산하 학교교육총괄국과 함께 프랑스에서 처음으로 학교 공포증에 대한 전국적인 조사를 실시했다. 2021년부터 미국에 거주하며 예일 대에서 근무 중이다. 현재 기후 변화에 맞선 아이들과 청소년의 환경 운동에 대해 연구하고 있다. 오렐리 아르프 박사, 마리 로즈 모르 대표와 함께 『학교 공포증, 성장과 배움의 기쁨 되찾기』[2]를 공동 집필했으며, 『연약한 청소년, 정신의학적으로 예측할 수 있을까?』[3]를 썼다.

---

2 원제: Phobie Scolaire, retrouver le plaisir de grandir et d'appren-dre (Éditions Vigot, 2020)

3 원제: L'adolescent fragile, peut-on prédire en psychiatre ? (Éditions Recherches, 2016)

청소년을 위한 치료 전문가의 조언

학교 공포증에는 어떤 심리 치료법이 있나요?

학교 공포증을 치료하기 위해 어떤 심리 치료법을 선택할지 결정하기는 쉽지 않습니다. 여러분이 상담사를 찾는 데 도움이 될 만한 치료법 몇 가지를 공유합니다.

- 외상성 정신 장애의 경우(괴롭힘 등) 이전에 겪은 트라우마라 하더라도 그 트라우마가 현재에 영향을 미치지 않도록 하기 위해 자신의 신체와 다시 이어지고 트라우마를 '소화'하게끔 돕는 치료법부터 받아 볼 수 있습니다. 과도한 스트레스를 받을 때 자신의 신체가 이를 전

혀 느껴지지 않는다면(해리dissociation에 해당), 트라우마를 겪지 않았어도 이러한 치료부터 받는 것이 중요합니다. 치료법에는 안구운동 민감 소실 및 재처리(EMDR, Eye Movement Desensitization and Reprocessing) 혹은 구조적 해리 치료법이 있습니다.

– 생각이 신체와 잘 연결되어 있지만 불안과 학교 회피의 악순환에 빠져 있다면 인지행동치료TCC를 우선적으로 고려해 보세요. 인지행동치료에는 불안 조절을 배우고, 문제 해결을 돕고, 조금씩 다시 학교생활을 할 수 있도록 돕는 테크닉(이완 요법과 명상)이 포함되어 있습니다.

– 가족 치료에서는 가족 구성원끼리 어려움을 나누고 해결책을 모색합니다. 집단가족치료에서는 여러 가족이 그들의 학교 공포증 경험을 나누고, 서로를 응원하고, 도움을 주고받을 수 있습니다.

– (학교 공포증 혹은 다른 이유로) 어려운 시기를 겪을 때 그에 대해 이야기하는 게 도움이 됩니다. 상담사와 대화를 나누는 지지 치료는 외로움을 덜고, 자신에 대해 더 잘 알게 되고, 자신감을 얻는 기회가 될 수 있습니다.

216